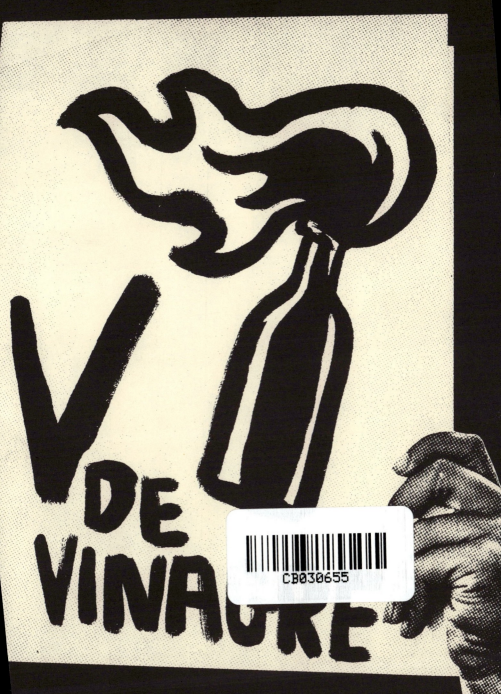

JUNHO DE 2013

A REBELIÃO FANTASMA

BRENO ALTMAN E **MARIA CARLOTTO** (ORGS.)

DILMA ROUSSEFF PRÓLOGO

MAIKON NERY FOTOS

© Boitempo, 2023

Direção-geral Ivana Jinkings
Edição Pedro Davoglio
Coordenação de produção Livia Campos
Assistência editorial Allanis Ferreira
Preparação Ana Lúcia Reis
Revisão Daniel Rodrigues Aurélio
Capa e fotos Maikon Nery
Diagramação Antonio Kehl

Equipe de apoio Ana Slade, Christoph Heuser, Davi Oliveira, Elaine Ramos, Erica Imolene, Frank de Oliveira, Frederico Indiani, Glaucia Britto, Higor Alves, Isabella Meucci, Ivam Oliveira, Kim Doria, Luciana Capelli, Marina Valeriano, Marissol Robles, Maurício Barbosa, Raí Alves, Thais Rimkus, Tulio Candiotto, Victória Lobo, Victória Okubo, Willian Habermann

---

CIP-BRASIL. CATALOGAÇÃO NA PUBLICAÇÃO
SINDICATO NACIONAL DOS EDITORES DE LIVROS, RJ

J93

Junho de 2013 : a rebelião fantasma / organização Breno Altman, Maria Caramez Carlotto ; prólogo Dilma Rousseff. - 1. ed. - São Paulo : Boitempo, 2023.

ISBN 978-65-5717-234-6

1. Brasil - Política e governo - Séc. XXI. 2. Movimentos sociais - História - Séc. XXI - Brasil. 3. Movimentos de protesto - História - Séc. XXI - Brasil. 4. Manifestações públicas - História - Séc. XXI - Brasil. I. Altman, Breno. II. Carlotto, Maria Caramez. III. Rousseff, Dilma.

23-84073

CDD: 303.60981
CDU: 323.2(81)"20"

Meri Gleice Rodrigues de Souza - Bibliotecária - CRB-7/6439

Este livro recebeu apoio para publicação da Friedrich Ebert Stiftung

É vedada a reprodução de qualquer parte deste livro sem a expressa autorização da editora.

1ª edição: junho de 2023

BOITEMPO
Jinkings Editores Associados Ltda.
Rua Pereira Leite, 373
05442-000 São Paulo SP
Tel.: (11) 3875-7250 / 3875-7285
editor@boitempoeditorial.com.br
boitempoeditorial.com.br | blogdaboitempo.com.br
facebook.com/boitempo | twitter.com/editoraboitempo
youtube.com/tvboitempo | instagram.com/boitempo

Sumário

Prólogo 7
    Dilma Rousseff

Apresentação 11
    Breno Altman e Maria Carlotto

Desculpe o transtorno, é sobre a caixa preta das cidades 17
    Raquel Rolnik e Roberto Andrés

A premência do transporte 27
    Lucas Monteiro

Sobre Junho de 2013 e o movimento negro brasileiro contemporâneo 37
    Paula Nunes

A revolução colorida brasileira 49
    Mateus Mendes

Junho de 2013 e a guerra híbrida: o leninismo contra a idealização
da conspiração 61
    Jones Manoel

As direitas não precisaram de Junho de 2013 73
    Camila Rocha

Ruas em transe: a insurgência das camadas médias contra o petismo 85
    Breno Altman

O dia no qual o Brasil parou por dez anos 97
    Vladimir Safatle

Junho de 2013: golpe e revolução 111
    Maria Carlotto

Cronologia do Junho de 2013 119

Sobre os autores 125

Prólogo
Dilma Rousseff

São extremamente relevantes o estudo e o debate sobre os acontecimentos que tiveram curso em junho de 2013. Trata-se, afinal, de um dos mais destacados episódios de nossa história recente, refletindo e concentrando algumas das principais armadilhas de uma transição democrática ainda inconclusa, cujo avanço esbarra em formidáveis interesses econômicos e políticos.

Na condição de presidenta da República, coube-me a missão de compreender aqueles fatos e agir com rapidez. Estava claro que se tratava de uma duríssima disputa, entre os dois grandes blocos que se confrontam pelo destino de nosso país. Estarrecidos pela eclosão das manifestações, de origem fortemente espontânea e localizada, esses dois campos passaram a atuar para influir sobre a voz das ruas e atraí-la para o fortalecimento de seus projetos.

Um desses campos, representando as frações hegemônicas das elites internas e de seus sócios internacionais, vinculava interesses e ideias às chamadas reformas liberais. Com o objetivo principal de atrair fluxos de capital, defendia medidas que pudessem assegurar negócios de alta lucratividade e baixo risco: privatizações, desregulamentações, achatamento de salários e direitos, persistentes taxas reais de juros, controles dos fundos públicos, cartelização do sistema de crédito, proteção do monopólio da terra e associação subordinada aos Estados capitalistas centrais.

O outro campo estava no governo desde 2003 e dera início a um difícil processo de mudança do modelo econômico, no interior de um sistema político construído para impedir que as classes trabalhadoras e seus partidos formassem maioria no Parlamento e nas demais instituições. Para esse setor, o desenvolvimento passaria principalmente pela ampliação do mercado interno de massas, o que dependia de políticas capazes de desconcentrar renda e riqueza, ao mesmo tempo que colocava o Estado como a locomotiva de um novo ciclo de desenvolvimento, afirmando a soberania do país com uma política externa multilateral e multipolar.

Nos idos de 2013, já era claro que se avizinhava um enfrentamento de largas proporções, embora ele ainda parecesse limitado às normas constitucionais e democráticas. O campo conservador ensaiava uma ofensiva para desgastar a coalizão democrático-popular e impor-lhe uma derrota frontal, retomando o governo nacional nas eleições seguintes, em 2014, ou se preparando para adotar o caminho golpista. Os protestos ocorridos em junho de 2013, surpreendentes e multitudinários, representaram um momento antecipado de confronto. Nasceram com reivindicações municipais ou estaduais, em geral de caráter progressivo, orientadas para serviços públicos melhores e mais baratos, mas logo o jogo mudou.

As forças mais conservadoras, contando com meios muito superiores de comunicação, além de recursos financeiros e conexões internacionais, puderam assumir uma relativa dianteira e explorar as mobilizações para arremetê-las contra o governo, trocando as aspirações originais por um difuso e fabricado discurso contra a corrupção. Os partidos e movimentos de esquerda tiveram mais dificuldades para o embate, o que revelava um problema crônico, até hoje não resolvido: o baixo grau de educação política, organização e mobilização das forças populares.

Por enxergar aqueles acontecimentos como uma disputa, meu esforço foi apresentar um programa de cinco pontos que atendesse e fortalecesse as demandas progressistas. Ao lado do compromisso de manter os gastos do governo sob controle, propus investimentos pesados em saúde, educação e mobilidade urbana, incluindo o direcionamento de parte da renda obtida pela exploração do pré-sal pelo modelo de partilha. O quinto ponto era a convocação de uma Constituinte exclusiva para reformar o sistema político-eleitoral.

Claramente esbarramos, então, em uma correlação desfavorável de forças, que levou à retirada desse quinto ingrediente do pacto apresentado. Esse item teve até seu encaminhamento parlamentar e institucional bloqueado.

As propostas feitas, excluída a Constituinte, foram rapidamente aprovadas por um Parlamento bastante assustado. Possivelmente tenham sido relevantes para recompor a base social do campo progressista, preparando a corrida presidencial de 2014. Não conseguimos, no entanto, marchar para uma reforma estrutural da política brasileira. Continuo convencida de que esse é um tema central, diante de um sistema falido e pouco democrático, que serve de contenção à soberania popular e de bloqueio a mudanças.

As ruas se levantaram, em 2013, também contra esse sistema, ainda que somando narrativas fragmentadas e contraditórias. Essa insatisfação com seu funcionamento, cinco anos depois, permitiria a ascensão de uma extrema direita falsamente antissistema, cujo discurso conseguiu ganhar amplo lastro eleitoral. Um dos grandes desafios estratégicos da esquerda brasileira é reconstruir uma perspectiva antissistema, de radicalização da democracia como ferramenta para a soberania e a justiça social.

A meu ver, são duas as razões essenciais para essa tarefa ser tomada a sério. A primeira é que será extremamente difícil ir muito longe e, por consequência, com a rapidez necessária, na modernização e na transformação do país com as atuais instituições do Estado, particularmente o sistema eleitoral e de representação que vem sendo forjado desde a ditadura militar. A segunda é que o espírito antissistema está disseminado em nossa sociedade: seria erro imperdoável deixar que o neofascismo continue apoderado desse sentimento para manipulá-lo de forma reacionária.

A fim de que possamos estar preparados para essas discussões, não é possível simplesmente virar a página dos acontecimentos relacionados a Junho de 2013. Que este livro faça parte de outras iniciativas e as estimule, ajudando-nos a extrair lições sobre o passado que iluminem o presente e o futuro.

Apresentação
Breno Altman e Maria Carlotto

A rebelião de 2013 chegou sem aviso prévio. Afinal, a economia emitia sinais de prosperidade, com uma taxa razoável de crescimento e marchando para o pleno emprego. As políticas distributivas dos governos de Lula e Dilma tinham retirado dezenas de milhões da pobreza absoluta. O Brasil saía do mapa mundial da fome e tornava-se referência internacional de combate à pobreza.

Mas em junho daquele ano, gigantescas multidões tomaram as ruas das principais cidades do país, em sua expressiva maioria jovens com menos de 25 anos. Muitos dos quais negros, periféricos cursando ou pretendendo cursar ensino superior. O que havia começado como um movimento contra o aumento das passagens de ônibus se transformou, de maneira rápida e inesperada, em uma insurgência que sacudiu a vida política do país.

Nas semanas que marcaram junho de 2013, tudo que era sólido parecia se desmanchar no ar. Aquele turbilhão popular, no entanto, logo desapareceria. Partiu como havia chegado, como se fosse o navio fantasma do "holandês voador" da ópera de Wagner.

Entender o que havia ocorrido se tornou um dilema para estudiosos e agentes políticos. Fez-se imperativo compreender os reflexos daqueles acontecimentos sobre o processo político brasileiro dos anos seguintes. Alguns ousaram ir além, tentando depurar suas causas.

Política e teoricamente, a questão central passou a ser o significado histórico daqueles acontecimentos: Junho de 2013 foi uma explosão popular com o rumo em disputa ou um produto do que alguns classificam como "guerra híbrida", eventualmente movida por centros imperialistas contra Estados nacionais e governos progressistas?

Esse evento deslocou setores relevantes da população à esquerda ou à direita, abrindo ou fechando possibilidades para a luta entre classes sociais e partidos políticos?

Trouxe repercussão sobre o discurso e a prática das forças progressistas, obrigadas a lidar com uma revolta social desatada sob o governo de uma legenda fundada pelo movimento operário e popular?

Nesse episódio poderia ser encontrado o ovo da serpente do qual teria nascido uma extrema direita de massas, capaz de conquistar o Palácio do Planalto logo adiante?

Dez anos depois, essas e outras perguntas ainda precisam ser respondidas. Não apenas por análise histórica, mas igualmente por lógica política, na tentativa de desvendar novos fenômenos que se irradiam em uma época de crise profunda das democracias liberais.

O livro *Junho de 2013: a rebelião fantasma* é uma contribuição para esse debate. Em nove artigos, dez autores e autoras, de diferentes tradições teóricas e perspectivas políticas, buscam desvendar alguns "mistérios" da maior onda de mobilização social em território brasileiro desde os anos 1980. Leitores e leitoras verão que se buscou contemplar miradas divergentes, quando não contraditórias, na tentativa de apresentar um mosaico representativo das interpretações mais significativas, deixando o juízo final para quem as lê.

O artigo que abre a coletânea, "Desculpe o transtorno, é sobre a caixa preta das cidades", de Raquel Rolnik e Roberto Andrés, reivindica Junho de 2013 como movimento político ligado essencialmente às precariedades e contradições da urbanização brasileira. Para os autores, apesar de representar a confluência de três movimentos – a histórica luta por transporte, as recentes lutas de fronteira por novos direitos sociais e as lutas anticorrupção – aqueles acontecimentos devem ser compreendidos, acima de tudo, como uma revolta que se explica pelas tensões urbanas, profundamente ligadas à história política e econômica.

Na mesma linha, "A premência do transporte" traz a perspectiva de Lucas Monteiro, historiador e militante do Movimento Passe Livre (MPL), que, de maneira contundente, reivindica a centralidade da pauta do transporte público. Interrogando-se sobre os caminhos que se abriram e se fecharam naquele contexto, Monteiro apresenta um roteiro para entender o que foi e o que poderia ter sido a revolta de 2013 se o tema da mobilidade urbana tivesse sido devidamente compreendido.

Ainda em uma chave de leitura positiva, Paula Nunes escreve "Sobre Junho de 2013 e o movimento negro brasileiro contemporâneo", ensaio no qual reconstrói o Junho de 2013 destacando os cruzamentos entre as manifestações pelo direito ao transporte e o fortalecimento do movimento negro brasileiro no período subsequente. Destacando a diferença de composição étnico-social entre as Jornadas de Junho de 2013, compostas majoritariamente por jovens negros e periféricos, e os protestos pelo impeachment de Dilma Rousseff dois anos depois, integrados majoritariamente por adultos entre 30 e 50 anos, de origem "esmagadoramente branca" e provenientes das camadas mais abastadas da população, Nunes defende que Junho de 2013 faz parte de um ciclo de lutas por igualdade social no qual se destaca o movimento negro.

Em direção oposta, Mateus Mendes, em "A revolução colorida brasileira", propõe entender os protestos sob a categoria de uma "guerra híbrida contra o Brasil", ou seja, como uma "revolução colorida". Na visão do autor, embora alguns insistam em dizer que as ruas estavam em disputa naquele outono, a verdade é que a direita rapidamente teria conseguido hegemonizá-las, por meio de uma ação organizada com participação direta dos Estados Unidos, que teriam financiado "uma constelação de *think tanks*, ONGs, sindicatos e movimentos sociais".

Jones Manoel discorda. No artigo "Junho de 2013 e a guerra híbrida: o leninismo contra a idealização da conspiração", o autor procura desconstruir o que ele mesmo classifica como um "modismo" interpretativo incapaz de dar conta da dinâmica e da complexidade daqueles eventos. Para ele, a noção de "guerra híbrida", forjada nos meios militares estadunidenses, mais oculta do que revela o que foi Junho de 2013. Reivindicando uma interpretação marxista-leninista, Manoel propõe ler 2013, na verdade, como um capítulo essencial da luta de classes brasileira, trazendo para o primeiro plano as disputas políticas, os erros e acertos da esquerda e da direita nesse processo.

A partir de uma perspectiva teórica distinta, Camila Rocha também recusa a interpretação de que Junho de 2013 teria sido a pia batismal do fortalecimento das direitas no Brasil. A autora não desconsidera a importância do episódio, mas a relativiza. Para ela, "as direitas não precisaram de Junho para chegar ao poder, mas precisaram da revolta de amplos setores da população contra o Partido dos Trabalhadores (PT) e contra a permanência da petista na presidência da República", o que só ocorreria em 2014.

Mobilizando uma cronologia sistemática e um conjunto de dados significativos, Breno Altman analisa o processo de "insurgência das camadas médias contra o petismo", que dá título ao seu artigo. Associando análise estrutural dos conflitos de classe com avaliação política do comportamento dos atores em cena, Altman apresenta uma interpretação fundamentada histórica e sociologicamente do processo de transmutação de um levante originalmente progressista em uma derrota mais permanente para o campo da esquerda, na medida em que promoveu um afastamento de mais longo prazo dos setores médios em relação ao PT e à esquerda de modo geral.

Vladimir Safatle também se propõe a analisar esse processo de transmutação de Junho de 2013. No entanto, é mais duro na sua avaliação. Em "O dia no qual o Brasil parou por dez anos", lembra que a pergunta sobre "como forças transformadoras são transmutadas em processos de regressão social" é constitutiva da teoria revolucionária de inspiração marxista e deveria estar no horizonte de quem interpreta a derrota das forças de esquerda em junho de 2013. Segundo ele, essa derrota está calcada na incapacidade da esquerda de compreender e disputar aquele levante essencialmente popular, o que a fez perder, para a extrema direita de verve insurrecional, o protagonismo da vida política brasileira.

Por fim, em "Junho de 2013: golpe e revolução", Maria Carlotto busca construir uma interpretação que, trazendo para o centro da análise as contradições de 2013, seja capaz de articular duas abordagens principais: a que lê na chave negativa, de um ensaio de golpe, e a que lê sob a ótica de um evento revolucionário. Destacando a importância de ler 2013 como um evento aberto, cujo significado segue em disputa, a socióloga reivindica uma perspectiva política que seja capaz de resgatar suas potencialidades transformadoras.

Assim, com diferentes embocaduras, os textos aqui reunidos, lidos em conjunto, buscam contemplar uma diversidade de análises. Ressaltando os debates interpretativos, a coletânea *Junho de 2013: a rebelião fantasma* deixa ao leitor a tarefa de definir o significado desse capítulo recente da trajetória nacional.

É esse o sentido do prólogo de Dilma Rousseff que, estando no epicentro dos acontecimentos e tendo experimentado de maneira radical sua eclosão e seus desdobramentos, destaca-se pela lucidez com a qual retrata um evento no qual estavam projetadas as tensões essenciais dos anos seguintes.

Por muitas razões, junho de 2013 é um mês que ainda se projeta sobre os dias atuais.

Desculpe o transtorno, é sobre a caixa preta das cidades

Raquel Rolnik e Roberto Andrés

Quem já viu o encontro de dois rios, sabe que nele as águas ficam revoltas. E quando se trata de três rios? Foi o que aconteceu em Junho de 2013. As águas de três ciclos distintos de mobilizações desaguaram no mesmo lugar, na mesma hora. Não é por acaso que muita gente ficou confusa com o acontecimento. A coisa foi complexa mesmo.

O primeiro rio diz respeito a um longo ciclo de revoltas populares por conta do transporte no Brasil. São mais de cem anos de quebradeiras, em uma sequência intercalada por temporadas de calmaria. Elas tiveram início ainda no período imperial, em janeiro de 1880. O Rio de Janeiro assistiu a três dias de fúria popular indômita e destrutiva, que pegou a sociedade de surpresa e abalou a popularidade do governo. A polícia a reprimiu com força. Alguns morreram, centenas ficaram feridos. O motivo? O aumento de um vintém no valor da passagem dos bondes puxados por animais.

Revoltas súbitas e inesperadas envolvendo o transporte urbano, então, se repetiram ao longo da história brasileira. Em 1909, houve quebradeira em três capitais; em 1930, em Salvador; em 1929 e em 1946, novos sururus em São Paulo; na década de 1950, grandes mobilizações no Rio de Janeiro, que incluíram a violenta revolta das barcas; nos anos 1970 e 1980, os motins se espalharam pelo país[1].

---

[1] Para detalhes sobre esses eventos, ver Roberto Andrés, *A razão dos centavos* (São Paulo, Zahar, 2023) e Raquel Rolnik, *São Paulo: o planejamento da desigualdade* (São Paulo, Fósforo, 2022).

Em comum, esses levantes expressaram insatisfações acumuladas em relação ao transporte público e à precariedade da vida urbana no Brasil. As respostas às revoltas, da sociedade e dos governos, foram, entretanto, sempre parecidas: denegar a razão dos acontecimentos – alegando se tratar de coisa de arruaceiros ou manifestantes inconsequentes. Como resultado, o problema de fundo – a péssima qualidade e o alto preço do transporte, uma das dimensões de um modelo de organização e gestão urbana voltado para o interesse de poucos – nunca foi enfrentado de verdade no país.

O segundo rio que desembocou em junho de 2013 foi a emergência de um novo ciclo de lutas por direitos, distinto daqueles que marcaram o século XX. Trata-se de disputas que dizem respeito às formas de vida, ou, como formulou a filósofa Nancy Fraser, de *lutas de fronteira*s: aquelas que se dão na fronteira entre a economia capitalista e suas condições de fundo – o meio ambiente, a reprodução social e os serviços públicos[2]. As movimentações em torno dessas pautas, que ganharam escala nacional por volta de 2010, eram protagonizadas e convocadas por grupos distintos daqueles do período anterior, valorizando a horizontalidade, fazendo amplo uso das redes e tendo a presença secundária de organizações como partidos e sindicatos.

No âmbito propriamente urbano, além dos movimentos em torno do transporte, compuseram esse arco de lutas movimentos de reivindicação do uso compartilhado de espaços públicos, em defesa de bens comuns urbanos, pela preservação de parques e praças, por políticas cicloviárias e contra obras rodoviárias nas cidades. Exemplos dessas movimentações foram a Praia da Estação, em Belo Horizonte; o Churrascão da Gente Diferenciada e o Existe Amor em SP, em São Paulo; o Largo Vivo, em Porto Alegre; e o Ocupe Estelita e outras ações do grupo Direitos Urbanos, em Recife. Todos eles emergiram entre 2010 e 2013. Houve outros exemplos país afora. No mesmo período, aumentou a movimentação de grupos pelo direito à moradia, que se

---

[2] Nancy Fraser e Rahel Jaeggi, *Capitalismo em Debate* (trad. Nathalie Bressiani, São Paulo, Boitempo, 2020).

contrapunham às remoções e intervenções urbanas ocasionadas pelas obras de preparação para a Copa do Mundo em 2014.

Os movimentos urbanos, como o Movimento Passe Livre (MPL), ou os Comitês Populares da Copa, foram majoritariamente integrados por uma juventude metropolitana. Esta, em grande medida, havia sido beneficiada pelas políticas de inclusão dos governos petistas, que ampliaram o acesso à educação, à cultura e à internet. Trata-se de uma geração de sujeitos entre os quais muitos emergiram das favelas e periferias, e que trouxeram para a cena política pautas que estiveram menos presentes nos ciclos anteriores de lutas populares: a legalização de drogas, a denúncia do genocídio negro e o racismo, os direitos das mulheres e das pessoas LGBTQIA+. A esse conjunto de lutas urbanas se somou o fortalecimento da pauta socioambiental – a partir, sobretudo, da oposição à Usina Hidrelétrica de Belo Monte – e da emergência de uma nova geração de lideranças indígenas.

O terceiro rio é aquele dos movimentos anticorrupção. A redemocratização brasileira não conseguiu superar um sistema político marcado pelo alinhamento do Estado com grandes interesses econômicos, intermediado por partidos e mandatos parlamentares cuja permanência no poder torna-se a maior das prioridades. Esse modelo, denominado por Marcos Nobre de "pemedebismo"[3], se baseia no controle da distribuição de benefícios no interior da máquina do Estado, capaz de, ao mesmo tempo, garantir clientelas e gerar recursos financeiros para os partidos ou políticos por meio de prestadores de serviços e empreiteiros. Estruturado há décadas, esse sistema foi sendo contestado por uma sociedade que se democratizava e passava a aspirar a outros padrões de transparência e participação.

Quando era oposição aos governos de Sarney, Collor e Fernando Henrique Cardoso (FHC), o Partido dos Trabalhadores (PT) denunciava os esquemas de corrupção e reivindicava a ética na política. Mas a chegada do principal

---

[3] Ver Marcos Nobre, *Imobilismo em movimento: da abertura democrática ao governo Dilma* (São Paulo, Companhia das Letras, 2013).

partido de esquerda do país ao governo federal deixou esse polo opositor vazio, o que acabou abrindo espaço para mobilizações sociais em torno do tema. De um lado, os governos petistas fizeram avanços inéditos quanto a melhorias institucionais para fiscalização e controle, como o fortalecimento da Polícia Federal e do Ministério Público, a criação da Controladoria-Geral da União (CGU), entre outros. De outro lado, o velho esquema em que os recursos do Estado são apropriados para interesses privados por meio da ação de agentes públicos continuou existindo – e ganhou escala com o crescimento econômico e o aumento de investimentos públicos que ocorreu no período. O choque viria em breve.

Ao final do segundo governo Lula e no início do primeiro governo de Dilma Rousseff, começaram a crescer movimentos anticorrupção no país. Parte deles era convocada por entidades não vinculadas a partidos políticos, como a Ordem dos Advogados do Brasil (OAB), a Conferência Nacional de Bispos do Brasil (CNBB) e o Movimento de Combate à Corrupção Eleitoral (MCCE), e fazia críticas a políticos de diversos espectros. Outra parte, que já vinha sendo gestada e ganhou escala nos movimentos de oposição a Dilma Rousseff a partir de 2015, investiu fortemente na identificação da corrupção com o PT e com a esquerda, em uma operação que, de um lado, blindava o próprio modelo, já que este seguia em funcionamento, e de outro constituía um front para um movimento político de oposição, que se ampliava com o crescimento de uma nova direita no país: ultraliberal na economia, conservadora nos costumes e fortemente militarizada.

Não por acaso, os três afluentes se juntaram em Junho de 2013. Naquele mês, algumas capitais brasileiras iriam aumentar suas tarifas de transporte público, ao mesmo tempo que aconteceria no país a Copa das Confederações. Esse evento acabava por congregar as reivindicações de grupos diversos, abrindo espaço para a confluência de movimentos que tiveram origem e genealogia distintas, incluindo aqueles que se mobilizavam pelo direito à cidade e aqueles preocupados com a questão da corrupção.

A explosão dos protestos, com milhões nas ruas, fez com que as Revoltas de Junho acabassem constituindo o terceiro conjunto massivo de manifestações políticas ocorridas no país desde o final da ditadura. As diferenças e similaridades com os ciclos anteriores ajudam a iluminar o fenômeno. Nas mobilizações pelas Diretas Já, em 1984, as ruas reivindicavam direitos e democracia. Nas passeatas pelo impeachment de Fernando Collor, em 1992, a agenda era o rechaço à corrupção. Nos dois ciclos, atores políticos foram centrais para a mobilização. Também é comum a ambos o uso amplo de símbolos patrióticos, como o verde e amarelo, a bandeira e o hino nacional.

Em 2013, o conjunto massivo de manifestações não foi convocado por partidos ou sindicatos, mas por movimentos e coletivos de menor escala, muitos deles autonomistas, e por personagens avulsos na internet. Tudo isso fez com que a pauta ficasse mais diversa e mais difícil de ser unificada. Os símbolos patrióticos, mais uma vez, estiveram presentes e vestiram em um primeiro momento tanto uma ampla agenda de direitos quanto outra de combate à corrupção.

***

Embora sejam díspares, os afluentes que desembocaram em Junho têm elementos em comum e zonas de intersecção. Desenhando outra imagem, são como peças de um quebra-cabeças, cujo conjunto expressa a vida social, política e econômica em um país da periferia do capitalismo, marcado pela segregação urbana e pelo racismo estrutural, pela má qualidade dos serviços públicos e pelo conluio e blindagem da elite política e econômica, que impede que as mudanças sociais produzam alterações profundas no *status quo*.

As revoltas pelo transporte que marcaram a história do país dizem respeito à precariedade das cidades e das formas de deslocamento, mas não só isso. Trata-se de um modelo de gestão urbana que beneficia os negócios e seus agentes: proprietários de terra, empreiteiras de obras viárias, empresários do transporte, fabricantes de automóveis. Nossas cidades são segregadas e as periferias são precárias, o transporte é caro e ruim, mas isso não acontece por incompetência ou desleixo. No clássico argumento de Chico

Oliveira, o caos das cidades não seria caótico "em relação às necessidades da acumulação"[4].

Esse arranjo opera amalgamado à política. Para que os destinos das cidades atendam aos interesses econômicos de alguns poucos, é preciso que as decisões políticas alienem boa parte da população. Isso só ocorre com uma blindagem estruturada, como a que marcou a política brasileira, apesar dos avanços democratizantes da Nova República. É justamente o benefício mútuo entre elites política e econômica que sustenta um modelo de cidade excludente, que cobra um preço alto da maioria da população.

Na história brasileira, esse esquema produziu uma cidadania consentida. Enquanto as cidades cresciam de maneira acelerada e precária, os moradores dos novos bairros passavam a depender de atores políticos para obter itens que nos territórios de classe média são direitos automáticos, como energia elétrica, água, calçamento das ruas e saneamento. Serviços públicos essenciais não são abordados como obrigação do Estado, mas como favores ofertados de modo discricionário. Assim, "para a maioria dos moradores, 'cidadania' é não um substantivo, mas um verbo, no gerúndio, na medida em que sua inserção plena na cidade é um longo processo, com data de início, mas sem data de conclusão"[5]. Desse modo, a urbanidade passa a ser mercadoria política e seu controle ou distribuição permite aos agentes políticos dominar bases eleitorais e, ao mesmo tempo, garantir mercados para setores empresariais que, em contrapartida, financiam suas campanhas.

Ao longo da história brasileira, essa cidadania parcial estruturou a vida política reproduzindo a precariedade das cidades. No início do século XXI, entretanto, emergiu uma nova geração com aspirações de cidadania integral, para a qual o arranjo dominante passou a ser uma camisa de força. Por isso, eclodiram à mesma época os movimentos pelo direito à cidade e os movimentos anticorrupção – afinal, por meio de narrativas distintas, eles lidam

---

[4] Francisco de Oliveira, *Crítica à razão dualista/O ornitorrinco* (São Paulo, Boitempo, 2003), p. 59.

[5] Raquel Rolnik, *São Paulo*, cit.

com dimensões do mesmo fenômeno, expressando oposição ao modelo político vigente.

Uma interpretação bastante hegemônica sobre Junho de 2013 apresenta a seguinte sequência de acontecimentos: os protestos teriam se iniciado à esquerda, em São Paulo, contra o aumento da tarifa de ônibus; a forte repressão policial do dia 13 de junho criou uma comoção nacional, que fez que as ruas explodissem; a partir daí, por vias da convocação da mídia e de grupos de direita, os protestos teriam se dobrado à direita, especialmente com a inserção de símbolos patrióticos e da agenda anticorrupção.

Essa narrativa acabou prevalecendo, mas ela possui incorreções. A primeira delas parece advir de um olhar excessivamente focado em São Paulo, que não é um espelho do país. Em Porto Alegre, nos protestos contra o aumento da tarifa ocorridos em março e abril, houve uma explosão similar à do mês de junho: após uma confusão entre manifestantes e um secretário da Prefeitura, os protestos eclodiram. No novo contexto, apareceram manifestantes vestidos de verde e amarelo e com cartazes que não ostentavam os símbolos tradicionais da esquerda. No entanto, na capital gaúcha não houve convocação pela mídia nem por grupos de direita. Tratou-se da adesão de um perfil de manifestante despolitizado, neófito em protestos, que via na pauta do transporte uma oportunidade de se manifestar por questões mais amplas.

De maneira similar, em manifestações em defesa da greve de professores ocorridas em maio de 2013, em São Paulo, já apareciam cartazes que pediam "Educação Padrão Fifa". O que alguns viram, no auge das ações de Junho, como uma mensagem de um manifestante de direita convocado pela mídia já aparecera alguns meses antes em cartazes de estudantes secundaristas da periferia de São Paulo, que pediam melhores condições de trabalho para seus professores.

Analisando mais de 6 mil cartazes expostos nas ruas em 2013, o livro *A razão dos centavos* constata que a temática anticorrupção, embora tenha crescido ao longo do mês de Junho, não prevaleceu em qualquer momento. E, de maneira pouco compreendida, ela já estava presente desde o início do mês, quando os protestos se restringiam aos círculos da esquerda. O manifestante que se expressava contra o aumento da tarifa muitas vezes denunciava a "máfia dos transportes" e os arranjos pouco republicanos entre governos e empresários de ônibus. De maneira similar, aqueles que se posicionavam contra os impactos da Copa do Mundo muitas vezes evocavam a falta de transparência e os altos gastos com reformas de estádios.

Não se quer dizer aqui que a mídia não buscou pautar o debate e que grupos de direita não convocaram para as ruas. Trata-se, no entanto, de apontar que isso não explica integralmente o crescimento das manifestações, tampouco determina o perfil do manifestante no auge dos protestos. Na obra citada, abundam exemplos de uso de símbolos patrióticos para a veiculação de mensagens de teor progressista em 2013; assim como são significativas as intersecções entre temas nas mensagens – a pauta anticorrupção estava presente em muitos discursos, de esquerda e de direita.

Tudo isso mostra que a crise urbana que desencadeou as Revoltas de Junho se relacionou também com as pautas que se multiplicaram pelas ruas quando elas ganharam escala. Trata-se, no fundo, de uma revolta contra um modelo econômico-político-eleitoral muito enraizado, que se concretiza nas cidades e impacta profundamente a vida cotidiana.

Mais uma vez, como ocorrera reiteradamente na história brasileira, o sistema político se fechou, em vez de enxergar a possibilidade de utilizar a tempestade nas ruas para enfrentar o modelo vigente. O PT, que vocalizara boa parte das demandas colocadas pelos manifestantes de Junho nas décadas anteriores, encarou os protestos como risco, perdendo a oportunidade de lançar uma agenda mais radical e robusta de reforma urbana. Uma grande coalizão da repressão foi montada, a fim de evitar que os protestos se replicassem durante a Copa de 2014. As ocupações de câmaras municipais e assembleias legislativas, e os protestos por direitos de professores, garis e pela melhoria do transporte que ganharam escala após Junho foram duramente reprimidos. Milhares de manifestantes foram presos, agredidos, perseguidos, pintados como terroristas nas páginas de jornais. Assim, criou-se o vácuo das ruas que seria aproveitado por uma nova direita política que crescia em escala e organização.

Nesse contexto, não foi difícil para a direita – econômica, política, midiática e atuante no Judiciário – capturar os desejos frustrados de transformação que emergiram em Junho de 2013 e converter a insatisfação diante da corrupção em uma luta contra "os corruptos do PT". O que veio em seguida é amplamente conhecido – o golpe que destituiu Dilma Rousseff sem crime de responsabilidade e a ascensão de Bolsonaro e da ultradireita.

A eleição de Lula, em 2023, só foi possível graças à ampla coalizão que sustentou a candidatura. Nesse contexto, atores que estavam separados em 2013 atuaram juntos na frente que conseguiu derrubar a extrema direita. Aqueles que lutam pela gratuidade do transporte tiveram seu papel no arranjo: uma ampla campanha pelo passe livre no dia das eleições contou com uma grande adesão e resultou em mais de trezentas cidades adotando a medida. Pela primeira vez na história do país, a abstenção entre o primeiro e o segundo turno caiu – e uma parcela do eleitorado mais pobre, na qual Bolsonaro tinha maior rejeição, pôde comparecer.

Na montagem da equipe ministerial, Lula incorporou pautas que se fortaleceram na sociedade brasileira na última década. A questão de gênero, a questão racial, a questão indígena e a questão ambiental ganharam uma prioridade que não tiveram nos ciclos anteriores. Tudo isso é importante e será essencial que essas agendas avancem.

As pautas urbanas, entretanto, parecem ainda estar presas no interior da coalizão que as sustentou historicamente. A hegemonia política do chamado "Centrão" é fortemente sustentada por esse modelo de cidade e essa gestão urbana excludentes, que garantem o benefício mútuo entre elites políticas e econômicas, e condenam a maioria da população à precariedade. A corrupção é apenas um dos elementos dessa maquinaria sociopolítica, territorial e econômica. A direita foi capaz de fazer dela uma cortina de fumaça para não desvelar a engrenagem em seu conjunto; e a esquerda, por sua vez, incapaz de encará-la de frente e propor alternativas ao arranjo, perdeu a oportunidade de disputar essa pauta.

As ruas de 2013 trouxeram o confronto real com um modelo de cidade que é fruto e motor de um sistema político que está morto, porém incrivelmente dominante. Uma década depois, o problema continua atual, em suas duas faces: o conluio entre agentes privados e agentes públicos, agora com protagonismo cada vez maior dos agentes financeiros, atravessa o Estado brasileiro, em uma via de mão dupla que afeta os serviços públicos e a gestão territorial; nossas cidades, desiguais e segregadas, continuam a ser um elemento intensificador da desigualdade, impeditivas para uma democratização de fato da vida cotidiana. Portanto, abrir – e encarar – a caixa preta das cidades é a chance que temos, dez anos depois de 2013, de avançar na democratização do país.

A premência do transporte
Lucas Monteiro

Eventos históricos marcantes costumam ter suas efemérides utilizadas pelos agentes políticos para justificar suas perspectivas de atuação do presente. Aproveitam-se, dessa forma, das mobilizações reais para justificar tal ou qual ponto de vista, muitas vezes sem compromisso com a luta desenvolvida pelas pessoas em determinadas condições e determinados contextos históricos materiais. Ao mesmo tempo, é uma oportunidade de olhar para o passado sob uma perspectiva um pouco mais distanciada dos acontecimentos, a fim de entender as tensões e como elas se desenrolaram, compreender as potencialidades e os riscos dos processos. Escrever sobre Junho de 2013 é, então, revisitar um intenso mês na vida dos militantes envolvidos, um momento que alterou perspectivas e panoramas da luta de classes nas cidades brasileiras; é ainda uma possibilidade de pensar sobre as perspectivas abertas e fechadas para os trabalhadores.

Pensar sobre as mobilizações do período requer retomar o cenário das lutas dos trabalhadores nas cidades, mais especificamente acerca das mobilizações sobre o transporte. Não são poucas as evidências de que o preço das tarifas foi uma pauta marcante na urbanização brasileira.

Ainda no Império, bondes foram virados no Rio de Janeiro na Revolta do Vintém. Diante da instituição de um novo imposto que incidia sobre as passagens, milhares de pessoas se agruparam, formando uma manifestação popular diversa que incluía escravos, libertos, trabalhadores pobres, desempregados, pequenos comerciantes, proprietários e demais parcelas da população. Os usuários de transporte direcionaram a fúria deles contra as mulas de tração animal, esfaqueando-as, e espancaram condutores; não se intimidaram perante a repressão da polícia, e mesmo o Exército foi recebido a pedradas pela população. A reação foi dupla; primeiramente, abriram fogo contra os revoltosos, matando entre três e dez pessoas, e ao mesmo tempo revogaram o imposto que implicaria o aumento da passagem. Uma rápida leitura das produções historiográficas sobre o evento mostra a interpretação consolidada em torno da insatisfação geral com a monarquia, a participação da imprensa e a utilização das manifestações pela agitação republicana.

O ano de 1947 ficou marcado pelo quebra-quebra desencadeado pelo aumento da tarifa em São Paulo, e o alvo preferencial da população foram os próprios meios de transporte. Com mais de duas centenas de bondes destruídos, as autoridades ativaram as forças repressivas, e no dia seguinte à destruição houve uma gigantesca operação coordenada pelo Departamento de Ordem Política e Social (DOPS) para que todos os veículos saíssem acompanhados de agentes de forças de segurança, inibindo qualquer tentativa de revolta e mobilização. Inicialmente, o aumento foi mantido, porém dois meses depois, em meio a uma campanha eleitoral, o governador anunciou a redução das tarifas, reconhecendo a popularidade do tema. A literatura sobre o quebra-quebra enquadra-o como parte dos protestos que eclodiram no período de democratização, versa sobre as discussões acerca da espontaneidade e da organização, além da maneira como as demandas das classes populares seriam incorporadas na democracia.

Não é necessário um grande esforço para perceber uma série de continuidades, desde a pauta marcante dessas mobilizações, passando pela reação do poder público, ao reprimi-las e ao mesmo tempo procurar ceder às demandas, chegando, por fim, aos esforços interpretativos da intelectualidade que procura situar a explosão social para além da pauta do transporte. Essas discussões reaparecem em diversas análises de Junho de 2013, muitas vezes se apresentando como algo novo, ignorando as experiências de luta pelo transporte e a própria história do Movimento Passe Livre (MPL).

O MPL foi fundado em 2005 a partir de experiências concretas de lutas contra aumentos de tarifas que se espalhavam pelo país, marcadamente a Revolta do Buzu, de 2003, em Salvador, e a Revolta da Catraca de Florianópolis, em 2004. Era uma geração de novos militantes que viviam cotidianamente os problemas do transporte urbano, ao mesmo tempo que enxergavam os partidos políticos, movimentos sociais consolidados e movimentos sindicais como espaços hierarquizados, burocratizados e distantes das demandas da vida na cidade, especificamente porque relegavam a um segundo plano a luta por transporte. Em sua prática interna, o MPL buscava construir relações que prefigurassem a sociedade que pretendia alcançar, ligava-se à tradição de lutas autônomas que tiveram grande destaque internacional no fim do século passado e no início deste. Construía-se, assim, um movimento que, por um lado, demandava uma política pública e, por outro, procurava distanciar-se da institucionalidade.

Embora muito se fale sobre a espontaneidade de 2013, um olhar atento identificará que nos oito anos anteriores houve atividades em mais de uma centena de escolas, cursinhos populares, universidades, centros culturais e comunitários, ocupações no centro e na periferia. Tudo isso foi o que se costuma chamar de trabalho de base, embora os membros do movimento recusassem tal nomenclatura na medida em que se opunham à divisão hierárquica entre base e topo. Essas atividades desenvolvidas – especialmente em escolas – partiam da experiência concreta do uso de transporte por aqueles estudantes para compreender como a cidade era construída pelas pessoas, porém estruturada para que elas não tivessem acesso aos produtos do próprio trabalho. A avaliação feita pelo movimento ao longo desses anos era de que os secundaristas, por não terem renda própria ou estarem inseridos de maneira precária nas relações de trabalho, sentiam mais concretamente a exclusão gerada pela tarifa. Cabe destacar que a maioria dos participantes dessas atividades não se incorporava ao movimento, em parte porque a única coisa oferecida era o envolvimento nas lutas, em parte porque existia uma dificuldade de pensar em como disseminar essa forma de organização sem abrir mão de princípios. Ainda assim, nesses oito anos de luta por transporte, foi possível ao MPL afirmar-se como referência de combatividade, pois seus atos propunham ações de tomadas de terminal ou abertura das portas de ônibus; ao mesmo tempo, o movimento se apresentava como especialista em transportes, com textos publicados tanto nos meios de esquerda quanto na mídia tradicional.

Essa retomada do trabalho anterior parece importante para entender que, em 2013, já havia um sentido construído de luta por transporte. Parte dos secundaristas que participaram das atividades estava agora na faculdade, no mercado de trabalho, e sentia no dia a dia a precariedade dos meios de transporte, percebia a barreira que a tarifa impunha no acesso à cidade. Era uma geração que havia crescido com o Partido dos Trabalhadores (PT) ocupando o poder no governo federal – portanto, como um partido da ordem. Dentro desse quadro, algumas coisas estavam relativamente claras para aqueles e aquelas que impuseram como tarefa a si mesmos a resistência ao aumento de tarifa:

- A necessidade de uma luta de rua, rejeitando as mesas de negociação que caracterizaram os governos petistas.
- A mobilização não deveria se intimidar perante a repressão policial e precisaria manter-se radical, paralisando vias da cidade e utilizando a estrutura urbana criada a fim de segregar os trabalhadores como arma de luta para tomar a cidade.
- A vitória da luta dependeria da expansão dos limites de participação dos atos anteriores, ultrapassando as capacidades de mobilização do MPL e da própria esquerda. Para baixar a tarifa, era preciso que a luta fosse legitimamente popular e não estivesse sob o controle de nenhuma organização.
- Uma intensa mobilização em São Paulo tenderia a desencadear manifestações em todo o país, deixando em aberto uma possibilidade de transformação do panorama de lutas por fora do consenso petista.
- A dispersão de pautas era um risco à luta contra o aumento, pois permitiria a concessão de outras demandas e a manutenção do aumento de passagem.

Essa pré-avaliação não saiu da fantasia de alguns militantes, mas da análise concreta das experiências vitoriosas contra o aumento de tarifas na década anterior. O planejamento feito a partir dessas constatações foi eficaz a ponto de o anúncio de redução das tarifas ter sido feito na data prevista pelo MPL.

A reação do governo petista foi de se reafirmar como uma força da ordem. O prefeito Fernando Haddad alinhou-se inteiramente com o governador – então tucano – Geraldo Alckmin. Ambos exigiam que a repressão fosse dura com os "vândalos". Nesse coro inicial também estavam os jornais, que clamavam por uma retomada do controle da cidade. Contrariamente ao esperado pelos governos e pela mídia, a intensa repressão não fez as manifestações arrefecerem, sendo emblemática a enquete feita pelo apresentador de um programa policial cujo resultado foi que a população era a favor do protesto "com baderna". Embora muitas pautas diferentes tenham começado a aparecer na manifestação, os dados objetivos de pesquisas da época indicam que a maioria dos participantes estava lá pela redução do valor da passagem. Isso não deveria ser surpreendente, uma vez que a diminuição do gasto com transporte implica um aumento transversal do rendimento de trabalhadores, independentemente da categoria deles. Naquele momento, as pessoas em luta sentiam que parte do controle da cidade e dos tempos de trabalho estava sendo retomado. Além de as manifestações centrais começarem a tomar caminhos inesperados, se espalhando por diferentes ruas e avenidas, se iniciaram manifestações não chamadas publicamente por qualquer organização – uma delas chegou a se estender por 24 horas no extremo sul de São Paulo.

Em determinado momento – diante do crescimento exponencial das manifestações – foi dito, em uma reunião do MPL, que, se o movimento não conseguisse barrar o aumento de tarifa, seria formada uma geração traumatizada – era tarefa do movimento vencer. A esperança naquela ocasião *sui generis* fez parecer que a conquista da pauta resolveria os problemas. Todavia, a explosão social desencadeada naquelas semanas deixou atônitos tanto os gestores públicos quanto os militantes; afinal, o que fazer após a redução da tarifa em mais de uma centena de cidades?

As respostas dos formuladores de políticas públicas evidenciaram certo despreparo em relação ao transporte urbano e a ignorância de como ele era essencial na vida dos trabalhadores. O governo federal anunciou uma série de investimentos em mobilidade urbana, em grande parte inserida nas obras de infraestrutura para a Copa do Mundo, desconsiderando que as manifestações, em diversas cidades, questionavam justamente a priorização dos grandes eventos. Entre os anos de 2013 e 2015, diferentes quadros do petismo procuraram retratar as manifestações como produto de uma classe média ressentida, ou, entre os mais generosos, "dos setores que menos ganharam com os avanços do governo". Parecia incompreensível que houvesse lutas que escapassem ao modelo de negociação tão bem aperfeiçoado ao longo dos anos. Coube, nesse período, ao ministro da Justiça, José Eduardo Cardozo, ser a voz constante de crítica aos vândalos, oferecer a Força Nacional para lidar com as manifestações e, por fim, articular a lei antiterrorismo. Enquanto isso, nos diferentes estados da federação, centenas de pessoas eram processadas criminalmente por conta das manifestações, tinham suas vidas expostas pela imprensa, perdiam empregos, conviviam com infiltrados, eram mantidas presas por posse de Pinho Sol. Enfim, sentiam a maneira como o Estado lida com os divergentes.

As proposições feitas pelos militantes da extrema esquerda a fim de lidar com aquele período procuraram apontar para diferentes caminhos. Alguns apostaram na continuidade das ações nas ruas, repetindo a tática de confrontação com as forças repressivas e os símbolos do capital em todas as ocasiões; outros tentaram divulgar e reafirmar seus princípios organizativos, porém o aspecto prefigurativo da luta serviu como critério de seleção para entrada e participação nos movimentos. Outra parte dos envolvidos em 2013 teve como diagnóstico que era necessário avançar nas estratégias organizativas, levando a pauta de transporte para as periferias, lutando pela implementação de linhas de ônibus nos bairros, em alguma medida retomando de forma acrítica movimentos já ocorridos na década de 1970. As diferentes perspectivas de atuação foram enredadas em uma série de conflitos que se tornaram inconciliáveis, e as disputas internas se revelaram prioritárias em relação às lutas concretas. Embora militantes que posteriormente estiveram em polos opostos atentassem – no dia após a queda do aumento – que a tendência histórica após a vitória era todo movimento se burocratizar, as tentativas de solução perseguidas pelas diferentes tendências se mostraram completamente insuficientes.

Tanto as estruturas de poder estabelecidas quanto os militantes envolvidos nos protestos não conseguiram apresentar uma perspectiva de transformação radical para as enormes frações da classe trabalhadora engajadas nas manifestações. O MPL não se jogou em uma greve geral pela Tarifa Zero, ou em outra campanha claramente articulada que poderia dar um sentido à esquerda para aquela explosão social. Já a esquerda institucional preferiu continuar criminalizando as manifestações, negando a potencialidade de transformação delas, e foi incapaz sequer de colocar em prática a cooptação dos manifestantes e reacomodá-los dentro do Estado, como é costume em algumas democracias.

Não era verossímil esperar que as tensões sociais se resolvessem sozinhas. Foi articulando um campo de ataque simultâneo aos poderes estabelecidos no governo petista e à extrema esquerda que a extrema direita militante ganhou corpo. O exemplo mais claro dessa dupla oposição talvez seja o Movimento Brasil Livre (MBL). Para além da evidente tentativa de apropriação estética da sigla do MPL, esse pequeno agrupamento ganhou holofotes na imprensa e no financiamento empresarial a partir das mobilizações pelo impeachment de Dilma Rousseff, apelando constantemente a ataques misóginos e à articulação com políticos da direita e da extrema direita. Derrubada a presidenta, passaram a se articular como uma milícia contra qualquer perspectiva de transformação social à esquerda. Em 2016, o MBL foi responsável por organizar grupos para a retirada dos estudantes que ocupavam escolas contra o Novo Ensino Médio, fomentando a organização de uma direita radical já com alianças com setores religiosos. Dando continuidade a esse tipo de ataque, em 2017, reforçaram o próprio papel de milícia moral se articulando para impedir a exposição *Queermuseu*, por considerarem que as obras artísticas supostamente promoviam a "blasfêmia, a zoofilia e a pedofilia". O ataque era à institucionalidade, mas também a qualquer forma de luta popular ou comportamento considerado desviante.

Entretanto, a memória e a prática de Junho de 2013 como luta social urbana não podem ser resumidas a suas derrotas e negações, tampouco se pode crer que a classe trabalhadora interromperá as próprias lutas por conta do governo no poder ou das estratégias adotadas pela classe dominante. A primeira continuidade de Junho foi a já citada luta dos secundaristas. No ano de 2015, ainda estava fresco na memória daqueles jovens as gigantescas mobilizações de dois anos antes, mas, para além da continuidade de militantes, cabe destacar a possibilidade concreta aberta. Uma das políticas adotadas para responder às mobilizações foi o passe livre estudantil, que permitiu aos estudantes que se deslocassem gratuitamente para fazer reuniões e mesmo apoiar as ocupações de outras escolas espalhadas pela cidade. Neste momento, o governo petista insiste em não revogar o Novo Ensino Médio – aprovado por Michel Temer e elaborado por fundações empresariais – e mais uma vez secundaristas e professores mobilizam-se, retomando a memória das lutas secundaristas. Outra rememoração de 2013 surgiu ao longo das lutas dos entregadores em 2022. Circulou um áudio relembrando a luta pelos vinte centavos, falando do exemplo concreto de luta direta e sem intermediários, construída a partir de baixo, da desconfiança de intermediários, da negação a qualquer conciliação. Ele falava também da experiência de greve em local de trabalho e da importância da solidariedade entre trabalhadores.

Para além do exemplo histórico que continua ecoando passados dez anos, parece também que a pauta de tarifa zero voltou à baila. Ela começou a ganhar repercussão ainda em 2022, quando alguns dedicados militantes e muitos dos que antes se opunham à gratuidade nos transportes constataram que as pessoas deixavam de votar por não terem dinheiro para pagar o ônibus, e ganhou corpo a campanha de passe livre pela democracia. Aproveitando a ampla aceitação da pauta, o desconhecido prefeito de São Paulo anunciou a possibilidade de implementação da Tarifa Zero, para desespero de algumas candidaturas de esquerda. O tema também apareceu na luta concreta dos trabalhadores metroviários, quando, em meio à greve, tiveram autorização judicial para liberar as catracas. Apesar da enorme expectativa gerada, o governador conseguiu cassar a decisão que implementaria essa liberação.

O quadro formado atualmente mostra os elementos que compuseram 2013 ainda vivos nas cidades. Seja na memória de luta de trabalhadores, seja na organização de secundaristas, seja na centralidade do transporte na cidade e na possibilidade de reapropriação dela. A maneira como tais fatores se articularão e os caminhos que tomará a luta coletiva ainda são questões em aberto, que serão respondidas, como sempre, nas lutas.

Sobre Junho de 2013 e o movimento negro brasileiro contemporâneo

Paula Nunes

Uma década depois das manifestações de junho de 2013, sua caracterização e as conclusões sobre elas estão longe de ser unanimidade na esquerda brasileira, mesmo diante da unidade que se formou pela derrota do bolsonarismo e pela eleição de um novo governo Lula. Dentre as principais elaborações sobre o tema, de um lado estão as organizações políticas que acreditam que Junho abriu as portas para o golpe contra a presidenta Dilma e o avanço da extrema direita no Brasil; de outro, há aqueles que defendem que Junho foi uma semente revolucionária que em nada se relaciona com o avanço da direita. No meio disso, há quem reconheça o caráter progressista de Junho sem, no entanto, deixar de reconhecer também que a "nova direita" disputou conscientemente o processo político[1].

Em artigo escrito em julho de 2013[2], Ruy Braga e Ricardo Antunes, ao tratarem da necessidade de transcurso de mais tempo para uma análise profunda sobre Junho, mencionam que "alguém já disse um dia que é melhor viver uma experiência do que escrever sobre ela". Se naquele momento fazia muito sentido que se tivesse certo distanciamento para que análises precipitadas e rasas acerca dos fatos não fossem feitas, agora, dez anos depois, também faz

---

[1] Valério Arcary, "A cooptação de junho de 2013, oito anos depois", *Jacobin Brasil*, 16 jun. 2021; disponível em: <https://jacobin.com.br/2021/06/a-cooptacao-de-junho-de-2013-oito-anos-depois/>; acesso em: 9 maio 2023.

[2] Ricardo Antunes e Ruy Braga, "Os dias que abalaram o Brasil: as rebeliões de junho, julho de 2013", *Revista Políticas Públicas*, São Luís, número especial, jul. 2014, p. 42.

sentido que escrevamos sobre a experiência de Junho, e que isso seja feito especialmente por nós, que a vivenciamos tão de perto.

Quando a primeira manifestação daquele ciclo contra o aumento da tarifa do transporte foi convocada pelo Movimento Passe Livre (MPL) na cidade de São Paulo, no dia 6 de junho de 2013, eu tinha 19 anos, era estudante de Direito na Pontifícia Universidade Católica de São Paulo (PUC-SP) e estagiária na Defensoria Pública. Poucos meses antes havia me organizado politicamente junto ao Partido Socialista dos Trabalhadores Unificado (PSTU) e no ano anterior tinha começado a militar nos movimentos estudantil, feminista e negro. Cresci em uma família com pais não militantes, e meu primeiro contato com os movimentos sociais e partidos políticos ocorreu na universidade.

Em junho de 2013, parte da esquerda radical já apostava na luta pelo passe livre como uma pauta de mobilização nacional, uma vez que o aumento da tarifa do transporte havia sido revogado nas cidades de Taboão da Serra, Grande São Paulo (janeiro), e Porto Alegre (abril)[3]. O que ninguém sabia, no entanto, era a força que as manifestações adquiririam a partir da grande repressão policial sofrida em São Paulo no ato do dia 13 de junho, que culminou em uma sequência de mobilizações políticas que não eram vividas no país há, pelo menos, vinte anos.

No dia 13 de junho, a Polícia Militar (PM) paulista não poupou seu aparato repressivo contra todos os manifestantes e contra a imprensa, apesar de ter aproveitado a presença de adeptos da tática *black bloc* para tentar justificar a repressão. Como resultado, pessoas ficaram gravemente feridas, a exemplo do jornalista Sérgio Silva, que perdeu a visão do olho esquerdo após ser atingido por uma bala de borracha[4].

---

[3] Movimento Passe Livre, "Não começou em Salvador, não vai terminar em São Paulo", em Ermínia Maricato et al., *Cidades rebeldes: passe livre e as manifestações que tomaram as ruas do Brasil* (e-book, São Paulo, Boitempo/Carta Maior, 2013), p. 29.

[4] De acordo com um levantamento da ONG Artigo 19, pelo menos 837 pessoas foram feridas durante as manifestações de 2013, em todo o país. Ver Kleber Tomaz e Glauco Araújo,

A partir disso, tudo mudou: a imprensa virou a chave da cobertura dos atos seguintes, tratando-os como legítimos; houve um grande apoio popular e os protestos se massificaram, atingindo a marca de 100 mil pessoas no Largo da Batata em 17 de junho. Foi nessa data que nitidamente as pautas se tornaram mais difusas, com o famoso "não é só por vinte centavos" ampliando-se para lutas por direitos sociais "padrão Fifa", em alusão ao dinheiro investido na Copa do Mundo que seria realizada no ano seguinte. Ampliou-se, também, a disputa do processo político pela direita, que, com o apoio da mídia, tentou reduzir os protestos às pautas da anticorrupção (Proposta de Emenda à Constituição [PEC] 37) e da redução da maioridade penal[5], além de incentivar gritos "sem partido".

As mobilizações conquistaram, no dia 19 de junho, a redução das tarifas do transporte em São Paulo e no Rio de Janeiro, o que aconteceria também em mais de cem cidades[6]. No entanto, seguindo o exemplo de Porto Alegre, a mobilização em São Paulo continuou mesmo após a redução da tarifa. Afinal, se não era "só por vinte centavos", mas sim por direitos, ainda havia muito a ser conquistado.

Esse era o sentimento geral dos manifestantes, mas, àquela altura, o processo já estava sendo fortemente disputado pela direita e, como resultado, na manifestação do dia 20 de junho – data em que um milhão de pessoas tomou as ruas em todo o país –, enquanto sujeitos enrolados em bandeiras do Brasil cantavam o hino nacional, bandeiras de partidos políticos de esquerda e da organização do movimento negro Uneafro Brasil[7] foram

---

"Após 5 anos, fotógrafo cego pela PM diz que 'pouco se fala sobre os mais de 800 feridos no Brasil nos protestos de 2013'", *G1*, 13 jun. 2018; disponível em: <https://g1.globo.com/sp/sao-paulo/noticia/apos-5-anos-fotografo-cego-pela-pm-diz-que-pouco-se-fala-sobre-os-mais-de-800-feridos-no-brasil-nos-protestos-de-2013.ghtml>; acesso em: 9 maio 2023.

[5] Ricardo Antunes e Ruy Braga, "Os dias que abalaram o Brasil: as rebeliões de junho, julho de 2013", cit., p. 46.

[6] Movimento Passe Livre, "Não começou em Salvador, não vai terminar em São Paulo", cit., p. 29.

[7] No dia seguinte, o fundador da Uneafro, Douglas Belchior, publicou em seu blog um relato e uma reflexão sobre o ocorrido. Ver Maria Frô, "Douglas Belchior da Uniafro: 'Esquerda de todo o Brasil, uni-vos contra a direita, forte, presente e raivosa!'", *Fórum*, 21 jun.

queimadas⁸. Foi nessa data, também, que Rafael Braga – o único condenado no contexto de Junho, mesmo sem ter participado das manifestações – foi preso no Rio de Janeiro por portar Pinho Sol e água sanitária, o que, segundo a polícia, poderia funcionar como coquetel molotov⁹.

Passada uma década desde Junho de 2013, muitos fatos políticos marcaram a conjuntura brasileira. Aqueles que defendem a ideia de que existe uma relação direta entre as manifestações de junho de 2013 e as de março/abril de 2015 – que pediam o impeachment da presidenta Dilma –, assim como com o avanço do neofascismo no Brasil, representado pela figura de Bolsonaro, o fazem justamente pelos gritos de "sem partido" e pela agressão aos militantes de esquerda ocorridos em junho.

No entanto, como nos lembra Marcelo Badaró¹⁰, essa associação direta é equivocada especialmente por dois aspectos: a diferença de composição social e racial entre Junho e as manifestações da direita pelo impeachment de Dilma, e a forma de organização dos protestos, já que as manifestações de Junho, inicialmente convocadas pelo MPL, contaram com certa dose de espontaneidade para se massificar, ao passo que as manifestações de 2015 foram convocadas e estruturadas por organizações de frações da burguesia, fomentadas pela grande mídia, e contaram com o apoio do aparato policial.

A análise da composição social e racial dos manifestantes nos diferentes períodos, nesse caso, não é menos importante. Vejamos: em Junho de 2013, o perfil dos manifestantes era de jovens trabalhadores periféricos, usuários

---

2013; disponível em: <https://revistaforum.com.br/blogs/blog-da-maria-fr/2013/6/21/douglas-belchior-da-uniafro-esquerda-de-todo-brasil-uni-vos-contra-direita-forte-presente-raivosa-50957.html>; acesso em: 9 maio 2023.

8   Valério Arcary, "A cooptação de junho de 2013, oito anos depois", cit.

9   Ver Rute Pina, "Símbolo da seletividade penal, caso Rafael Braga completa cinco anos", *Brasil de Fato*, 20 jun. 2018; disponível em: <https://www.brasildefato.com.br/2018/06/20/simbolo-da-seletividade-penal-caso-rafael-braga-completa-cinco-anos/>; acesso em: 9 maio 2023.

10   Marcelo Badaró Mattos, "De junho de 2013 a junho de 2015: elementos para uma análise da (crítica) conjuntura brasileira", em Felipe Demier e Rejane Hoeveler, *A onda conservadora: ensaios sobre os atuais tempos sombrios no Brasil* (Rio de Janeiro, Mauad X, 2016), p. 94.

do transporte público, de famílias com renda familiar de até três salários mínimos. Nas manifestações de março/abril de 2015, por outro lado, a maior parte das pessoas era adulta, entre 30 e 50 anos, "esmagadoramente branca", com renda familiar de mais de cinco salários mínimos, e aqueles de famílias com renda de até três salários mínimos não passavam de 20%[11]. Verifica-se, assim, que, se existe uma linha de continuidade – hipótese com a qual não compactuo – entre 2013 e 2015, os negros e periféricos, que também foram parte ativa de Junho, não a seguiram.

Feita essa reflexão, nos cabe a pergunta: onde esteve o movimento negro pós-Junho de 2013, depois que a bandeira de uma de suas organizações foi queimada na Avenida Paulista naquele dia 20? Ou, melhor, houve algum impacto de Junho no movimento negro brasileiro? Eu acredito que sim, e arrisco a dizer qual foi.

Ao contrário do que alguns analistas de Junho fazem parecer, o movimento negro não nasceu naquele mês – nem o movimento feminista, ou o LGBT+. Existem documentos que datam a criação das primeiras organizações do movimento negro ainda na década de 1920, mas o movimento negro contemporâneo teve sua marca com a fundação do Movimento Negro Unificado em 18 de junho de 1978, durante a luta contra a ditadura militar[12].

Também não se pode tratar o movimento negro brasileiro como homogêneo. Com a eleição do primeiro governo do Partido dos Trabalhadores (PT), importantes quadros do movimento negro se deslocaram para a institucionalidade, ao passo que outros fundaram organizações relativamente independentes do governo, mais – ou menos – críticas às políticas públicas adotadas.

Ainda assim, podemos dizer, como nos ensina Petrônio Domingues, que "desde pelo menos a década de 1920, os ativistas negros procuraram chamar a atenção pública para a dimensão racial da desigualdade brasileira,

---

[11] Ruy Braga, "Os sentidos de junho", *Blog da Boitempo*, 6 jul. 2015; disponível em: <https://blogdaboitempo.com.br/2015/07/06/os-sentidos-de-junho/>; acesso em: 19 abr. 2023.

[12] Clóvis Moura, *História do negro brasileiro* (São Paulo, Ática, 1989), p. 78.

argumentando não ser possível haver uma autêntica democracia política ou racial no país enquanto as pessoas negras não participassem da economia, da política e da vida social nacional em igualdade de condições com as pessoas brancas". Isso significa que a luta pelo acesso ou por uma "verdadeira democracia racial"[13] foi encampada com força pelo movimento negro pós-redemocratização do Brasil.

Assim, da década de 1990 em diante, ganhou força o debate das ações afirmativas no Brasil e no mundo, potencializado pela Conferência de Durban (2001) e pelo lançamento do II Programa Nacional de Direitos Humanos, ainda no governo Fernando Henrique Cardoso (2002); e, já durante os governos do PT, houve a criação da Secretaria Especial de Políticas de Promoção da Igualdade Racial (SEPPIR), a sanção da Lei n. 10.639/2003, que estabelece a obrigatoriedade do ensino da história e da cultura afro-brasileiras e africanas, a aprovação do Estatuto da Igualdade Racial e o estabelecimento da Lei de Cotas nas instituições federais em 2012[14].

Junho chega para o movimento negro, portanto, com a primeira geração de negros na universidade pela política de cotas raciais[15] e o Portal Único de Acesso ao Ensino Superior (Prouni), além do aumento no ano anterior da violência policial em diversos estados, inclusive São Paulo[16]. Nele, desde o ano de 2012, era articulado o Comitê Contra o Genocídio da Juventude Negra, estruturado

---

[13] Petrônio Domingues, "Democracia e autoritarismo: entre o racismo e o antirracismo", em André Singer et al., *Democracia em risco? 22 ensaios sobre o Brasil hoje* (e-book, São Paulo, Companhia das Letras, 2019), p. 82.

[14] Ibidem, p. 85-7.

[15] A implementação das cotas raciais ainda não tinha sido conquistada nas universidades estaduais paulistas. Por isso, se conformou a Frente Pró-Cotas nas universidades estaduais paulistas e as cotas na Universidade de São Paulo (USP) foram aprovadas pelo Conselho Universitário em 4 de julho de 2017. Ver Pedro Borges e Solon Neto, "USP aprova cotas raciais", *Ponte*, 5 jul. 2017; disponível em: <https://ponte.org/usp-aprova-cotas-raciais/>; acesso em: 9 maio 2023.

[16] Sobre o aumento da violência em São Paulo no ano de 2012 ("crise de 2012"), ver Camila Dias et al., "A prática de execuções na região metropolitana de São Paulo na crise de 2012: um estudo de caso", *Revista Brasileira de Segurança Pública*, São Paulo, v. 9, n. 2, ago./set. 2015, p. 160-79.

para contestar o aumento do número de mortes nas periferias. Em março de 2013, após entregar duas cartas ao governo do Estado com reivindicações, o movimento ocupou a Secretaria de Segurança Pública do Estado de São Paulo, exigindo audiência com o secretário[17].

Nos meses de junho e julho de 2013, o Rio de Janeiro foi palco de dois fatos políticos importantes: a prisão de Rafael Braga e o desaparecimento do pedreiro Amarildo, depois de ser levado para a Unidade de Polícia Pacificadora (UPP) da Favela da Rocinha em uma operação policial. Ambos fomentaram as palavras de ordem "Liberdade para Rafael Braga" e "Cadê o Amarildo?". De julho em diante, essas se tornaram as principais pautas do movimento. Estava estabelecida a reflexão de que, para que pudéssemos acessar todos os espaços, era preciso, antes de tudo, continuarmos vivos.

Houve uma forte tentativa de conectar as lutas, o que em certa medida foi possível. No dia 14 de agosto, data que marcava um mês do desaparecimento de Amarildo, o movimento negro paulista organizou uma manifestação exigindo respostas. No mesmo dia, um grupo de jovens estudantes ocupou a Câmara Municipal de São Paulo pelo passe livre. A manifestação do movimento negro caminhou até a Câmara, houve repressão policial, e os protestos se unificaram.

A ideia do movimento negro era demarcar que a violência policial experimentada em Junho e escancarada nos grandes centros paulistanos já era, em grande medida, vivida no cotidiano das periferias das cidades. Isso não fez com que o movimento negro se retirasse do processo político de Junho de 2013; pelo contrário, tornou o momento também uma forma de denúncia das violências sofridas, especialmente aquelas causadas pelo aparato repressivo do Estado – daí a luta por Amarildo e por Rafael Braga. Esse, a meu ver, é o maior legado de Junho para o movimento negro e do movimento negro para Junho.

---

[17] Ver "Movimentos ocupam a Secretaria de Segurança Pública de São Paulo", *Blog da Redação*, 22 mar. 2013; disponível em: <https://outraspalavras.net/blog/movimentos-ocupam-a-secretaria-de-seguranca-publica-de-sao-paulo/>; acesso em: 19 abr. 2023.

Nos anos que se seguiram, se tornou uma prática do movimento negro denunciar e pressionar por respostas pelas mortes de pessoas negras e periféricas em todo o país. Apenas para citar alguns exemplos, protestos, ainda que simbólicos, marcaram os assassinatos de Cláudia Silva (2014), Luana Barbosa (2016), Ágatha Felix (2019), os "80 tiros" em uma família (2019), João Pedro (2020), Beto Freitas (2020), Moïse Kabagambe (2022), entre outros.

Para além do movimento negro organizado, pessoas negras de diversas profissões, idades, gêneros e territórios participaram ativamente das manifestações de Junho. Como resultado, todo mundo levou alguma lição "para casa", boa ou ruim. Um dos efeitos mais impressionantes de Junho foi a Greve dos Garis[18] no Rio de Janeiro, iniciada no Carnaval de 2014. A categoria, cuja maioria esmagadora é negra, somou às más condições do trabalho e aos baixos salários a disposição de mobilização acendida em Junho, e organizou uma greve por fora do sindicato. A relação entre a paralisação e Junho é reivindicada pelos próprios organizadores da greve:

> Se tu perceber, o perfil daquela galera que fez a greve de 2014 é um perfil mais jovem, entendeu? [...] É uma galera que não estava satisfeita, que não aguentava mais o assédio moral, que não achava normais aquelas condições. Em 2013, a gente estava na rua, parte dos companheiros, eu e vários outros companheiros fomos naquelas "Jornadas de Junho" e estávamos na rua exigindo direitos. Isso foi importante também para [perceber que] com a mobilização, com a luta, a gente pode [vencer]... E isso foi ajudando para que a gente conseguisse avançar a ponto de em 2014 estourar essa greve histórica.[19]

No ano de 2015, um novo capítulo do movimento negro foi escrito: em 18 de novembro, mais de 50 mil mulheres negras de todo o país participaram em Brasília da Marcha das Mulheres Negras, um movimento organizado

---

[18] Sobre a Greve dos Garis, ver Veronica Triani, *Garis cariocas em movimento: toneladas de lixo que alaranjaram o direito* (dissertação de mestrado, Niterói, Universidade Federal Fluminense, 2018).

[19] Entrevista com Bruno, uma das lideranças da Greve dos Garis de 2014 no Rio de Janeiro, realizada por Cauê Campos para tese de doutorado ainda não defendida.

por núcleos impulsores de todas as regiões do país. A marcha elaborou um documento entregue para a então presidenta Dilma Rousseff com uma série de reivindicações, em diversas áreas. Naquela data, as mulheres negras em marcha foram atacadas com tiros por um acampamento em frente à Esplanada que pedia a volta dos militares ao poder[20].

Esse processo fortaleceu sobremaneira o movimento feminista negro em todo o país. Em alguns estados, marchas do orgulho crespo se estruturaram; em outros, como São Paulo, o antigo núcleo impulsor da marcha de Brasília se transformou em um coletivo, a Marcha das Mulheres Negras de São Paulo, que todos os anos, desde 2016, no dia 25 de julho, organiza uma marcha que reúne milhares de pessoas.

O novo momento do feminismo negro também projetou suas figuras públicas para a disputa de cargos parlamentares. Foi assim que, em 2016, foram eleitas as vereadoras Áurea Carolina (Belo Horizonte), Marielle Franco (Rio de Janeiro) e Talíria Petrone (Niterói), todas pelo PSOL. Nas eleições seguintes, já após a execução de Marielle Franco, em 2018, a quantidade de mulheres negras a ocuparem o legislativo aumentou[21].

A eleição de parlamentares negros[22] ligados a Junho de 2013 também foi uma realidade. No ano de 2020, Matheus Gomes, um dos membros do Bloco de Lutas em Porto Alegre, coordenador-geral do Diretório Central de Estudantes (DCE) da Universidade Federal do Rio Grande do Sul (UFRGS) na época, foi eleito vereador pelo PSOL. Já no exercício de seu mandato

---

[20] Ver mais em Gabriel Luiz et al., "Policiais são presos por tiros em marcha contra racismo em Brasília", *G1*, 18 nov. 2015; disponível em: <https://g1.globo.com/distrito-federal/noticia/2015/11/policial-e-preso-por-tiros-em-marcha-de-mulheres-negras-em-brasilia.html>; acesso em: 19 abr. 2023.

[21] Ver mais em Lu Sudré, "Vereadoras negras e trans estão entre as candidaturas mais votadas em 13 capitais", *Brasil de Fato*, 16 nov. 2020; disponível em: <https://www.brasildefato.com.br/2020/11/16/vereadoras-negras-e-trans-estao-entre-as-candidaturas-mais-votadas-em-13-capitais>; acesso em: 19 abr. 2023.

[22] Como parte da disputa da "nova direita" no processo político de Junho, não ignoramos o fato de que ela também projetou figuras públicas negras para as eleições e elegeu parlamentares negros de direita em oposição aos da esquerda.

como vereador, em 2021, Matheus e outros seis ativistas do bloco foram absolvidos na ação penal à qual respondiam pela organização dos atos de Junho. Em 2022, Matheus foi eleito deputado estadual no Rio Grande do Sul, se tornando o mais bem votado da cidade de Porto Alegre.

Assim como Matheus, em 2020 eu fui eleita covereadora na cidade de São Paulo com um mandato coletivo e feminista, a Bancada Feminista do PSOL, partido ao qual sou filiada e do qual sou militante desde 2017. Também na Câmara Municipal de São Paulo, a Uneafro Brasil elegeu um mandato coletivo pelo PSOL, o Quilombo Periférico. No ano de 2022, no mesmo processo eleitoral em que Lula derrotou Bolsonaro nas urnas, fui eleita codeputada estadual com a Bancada Feminista do PSOL, para um mandato do qual eu sou a representante legal. Os mandatos coletivos, assim como os eventos de Junho, nos fazem questionar o modelo de representação institucional que nos é imposto, transferindo para uma ideia – e não para uma pessoa – a representação política. Atualmente, no Brasil, existem quase trinta mandatos coletivos distribuídos entre câmaras municipais e assembleias legislativas.

Não é menor dizer que o período em que parlamentares negros ligados ao processo político de Junho foram eleitos é de grande fortalecimento do movimento negro no Brasil. No ano de 2020, sob a égide do governo Bolsonaro e da pandemia da covid-19, George Floyd foi assassinado nos Estados Unidos e diversos casos de violência racista aconteceram em nosso país, o que acendeu uma indignação em diversas nações, dentre elas o Brasil. Por aqui, movimentos neofascistas ocupavam as ruas, e o movimento negro, com o mote "vidas negras importam" – e respondendo ao chamado de membros de torcidas organizadas –, reagiu indo às ruas e expulsando os apoiadores do então presidente[23].

---

[23] Ver mais em Breiller Pires, "'Vidas negras importam' chacoalha brasileiros entorpecidos pela rotina de violência racista", *El País*, 6 jun. 2020; disponível em: <https://brasil.elpais.com/brasil/2020-06-06/vidas-negras-importam-chacoalha-parcela-de-brasileiros-entorpecida-pela-rotina-de-violencia-racista.html>; acesso em: 19 abr. 2023.

No ano de 2021, depois de um longo período de marasmo sem ocupação das ruas pelos movimentos sociais por conta do grave momento da pandemia da covid-19, o Rio de Janeiro viveu a Chacina do Jacarezinho – operação policial que vitimou ao menos 27 pessoas –, e o movimento negro organizado, convocado pela Coalizão Negra por Direitos, liderou a retomada nacional das ruas no dia 13 de maio com a palavra de ordem "nem bala, nem fome, nem covid, o povo preto quer viver"[24], o que destravou processos de mobilização unitários responsáveis pelo enfraquecimento do governo Bolsonaro ao longo de todo o ano pré-eleitoral.

Assim, se me perguntarem se Junho é o mês que não acabou, direi que esse é um ciclo encerrado. Ainda assim, há um legado que deve ser valorizado. Para o movimento negro, esse legado é o fortalecimento do próprio movimento, das pautas de promoção da vida do povo preto para além do acesso, e da eleição de seus parlamentares, a partir do questionamento da representação política tradicional e da ideia de "nada sobre nós, sem nós". Sem nenhum medo de dizê-lo, é preciso defender o legado de Junho.

---

[24] Ver mais em "Coalizão Negra por Direitos convoca '13 de maio de lutas' em manifestações em todo o Brasil pelo fim do racismo, do genocídio negro, das chacinas e pela construção de mecanismos de controle social da atividade policial", *Coalizão Negra por Direitos*, [s. d.]; disponível em: <https://coalizaonegrapordireitos.org.br/2021/05/11/coalizao-negra-convoca-13-de-maio-manifestacoes-pelo-fim-genocidio-negro/>; acesso em: 19 abr. 2023.

A revolução colorida brasileira
Mateus Mendes

> *Fala-se de espontaneidade. Mas o desenvolvimento espontâneo do movimento operário vai justamente na direção da sua subordinação à ideologia burguesa.*
>
> Vladímir Ilitch Lênin em *O que fazer?*

> *Não é mais possível contar apenas com a força para promover a estabilidade e defender a segurança nacional. A persuasão é cada vez mais importante e os Estados Unidos devem aumentar sua capacidade de persuadir, desenvolvendo técnicas para alcançar pessoas em muitos níveis diferentes.*
>
> Carl Gershman, presidente do National Endowment for Democracy [NED], 1986

O fato efetivamente histórico de Junho de 2013 ocorreu no período de 17 a 20 de junho: por um lado, esses quatro dias diferem de tudo o que veio antes e, por outro, tudo o que se segue a eles é consequência direta ou indireta do que neles teve lugar. Com efeito, a esquerda teve a hegemonia e a iniciativa nos protestos entre os dias 6 e 13, mas aqueles foram atos pequenos, ou, na melhor das hipóteses, normais. No dia 17, contudo, a direita assumiu o domínio, restando a uma parcela da esquerda lutar para fazer parte dos protestos da direita ou liderar atos paralelos e menores.

Houve quem acreditasse que "as ruas estavam em disputa". No entanto, desde o dia 17, já havia provas do contrário, e, ao longo da semana, elas foram se acumulando: o predomínio do verde-amarelo, o hino, as ofensas à presidenta, o fato de sindicatos e movimentos de esquerda estarem a reboque, a violência contra manifestantes de esquerda etc.

Muitos integrantes da esquerda foram aos protestos. Era legítimo ambicionar um governo ainda mais inclusivo, novas formas de atuação dos movimentos populares, uma alteração em seus critérios de tomada de decisão etc. É compreensível que alguns tenham nutrido a esperança de que aqueles protestos pudessem nos levar a um Brasil melhor, afinal, as revoluções coloridas, apesar de retrógradas, vendem-se como progressistas.

Se no calor do momento isso poderia ser pura impressão, hoje, com seus resultados e com as evidências ora disponíveis, fica claro que as manifestações massivas de Junho de 2013 foram fruto de uma ação coordenada da direita brasileira e do imperialismo. Compilar algumas dessas evidências é a meta deste capítulo.

Por último, mas não menos importante, este texto analisa a estratégia da direita. Houve erros da esquerda? Sim. Tanto do Partido dos Trabalhadores (PT) quanto dos partidos e movimentos que faziam oposição à esquerda. No entanto, o presente capítulo não discorrerá sobre essas questões. Até porque as condições ficaram piores depois da conjuntura aberta por Junho de 2013, sem que algo semelhante ocorresse. Por isso, o foco aqui é a ação articulada da direita responsável pela crise aberta naquele outono. Ou seja, como se deu a guerra híbrida contra o Brasil, como ocorreu a revolução colorida.

Revoluções coloridas

Aqueles que combatem o conceito de guerra híbrida geralmente o fazem reduzindo-o a uma teoria da conspiração, ignorando que as conspirações são práticas corriqueiras na política. Mas não tiro, de todo, sua razão. Muitas vezes, a guerra híbrida aparece como algo entre explicações simplórias ou extremamente complicadas, e quase sempre baseadas em "fontes secretas".

Reduzidas a joguetes palacianos, as teorias da conspiração ou as guerras híbridas acabam sendo não mais que... teorias, e nada explicam.

Não obstante, o conceito de guerra híbrida surge da necessidade de dar conta de transformações concernentes a estratégias geopolíticas. Trata-se menos de inovações do que da reedição de táticas de combate indireto já consagradas e, sobretudo, da centralidade que essas táticas passam a ter na realização de objetivos político-estratégicos. O próprio Departamento de Defesa dos

Estados Unidos reconhece que a nova conjuntura imporá o envolvimento crescente nas modalidades não convencionais ou híbridas de combate e que estas exigem um esforço de toda a máquina estatal[1].

Logo, interpretar 2013 como uma revolução colorida não é reduzir os atos a ações tomadas por meia dúzia de pessoas que manipulam marionetes a partir de um gabinete. Significa lembrar que *A arte da guerra* (Sun Tzu) já apontava a importância que semear a discórdia tem para a estratégia; que *O príncipe* (Maquiavel) não só faz referência a isso, como também traz exemplos históricos de como, independentemente da diferença entre as forças, é importante encontrar no Estado a ser dominado aqueles que facilitam a sua invasão; que *Da guerra* (Clausewitz) enfatiza o senso de oportunidade e que só se ganha a guerra quando se derrota a vontade do inimigo. Sobretudo, é pontuar que a circular de instrução das forças especiais dos Estados Unidos para guerras não convencionais recupera todos esses pontos[2].

Essa interpretação significa lembrar, ainda, que existe guerra ideológica, que ela é travada por aparelhos ideológicos, que a direita tem muita experiência nisso e que os Estados Unidos são exímios nessa arte. Como lembra Losurdo[3], na dimensão ideológica da Guerra Fria, a CIA coordenava uma estrutura de operações psicológicas, que contava com rádios instaladas em todo o Leste Europeu que contribuíram para a revolta húngara de 1956. Essas rádios vinculavam-se à Rádio Europa Livre (RFE) e à Rádio Liberdade, ambas patrocinadas e instruídas pelos Estados Unidos e que, nas palavras de Kissinger, "estimulavam sentimentos capazes de inflamar uma revolta"[4].

Ademais, Junho de 2013 não teria sido a primeira oportunidade na qual a direita se aproveitaria de um movimento originalmente de esquerda e

---

[1] Mateus Mendes, *Guerra híbrida e neogolpismo: geopolítica e luta de classes no Brasil (2013--2018)* (São Paulo, Expressão Popular, 2022).

[2] Mateus Mendes, *Guerra híbrida e neogolpismo*, cit.

[3] Domenico Losurdo, *Fuga da história? A Revolução Russa e a Revolução Chinesa vistas de hoje* (Rio de Janeiro, Revan, 2004).

[4] Henry Kissinger, *Diplomacia* (São Paulo, Saraiva, 2012), p. 506.

o instrumentalizaria segundo os próprios interesses. Para Nancy Fraser, a contrarrevolução neoliberal resultou de "uma convergência contraintuitiva de forças"[5]: a Nova Esquerda (com bandeiras contra o racismo e o sexismo; ambientalistas; estudantes) e os defensores do livre mercado.

Como as pautas de direitos humanos e a ambiental não possuem marcador ideológico, podem ser apropriadas pela direita e pela esquerda. É aproveitando essas brechas que forças liberais e imperialistas contrabandeiam suas causas: o financiamento de ONGs, *think tanks* e movimentos sociais vem associado a uma defesa mais ou menos explícita do liberalismo, do *American Way of Life* e da hegemonia dos Estados Unidos.

Nesse sentido, é importante analisar os principais componentes dessa estrutura, em cujo topo estão a United States Agency for International Development (Usaid) e o NED. Fundada em 1961 e ligada ao Departamento de Estado, a Usaid dá orientação política e seleciona personalidades e instituições que, em diversos países do mundo, vão travar a guerra ideológica. Essa instituição contribuiu para desestabilizar e derrubar governos na América Latina e apoiou as ditaduras que se seguiram aos golpes na região. Por sua vez, fundado em 1983 e constituindo a ponta de lança da dimensão ideológica da Doutrina Reagan, o NED gere o fundo destinado a custear parte dessa estrutura. A maior parte da verba sob sua gestão provém do Tesouro estadunidense mediante a aprovação do Congresso. Essa divisão de trabalho refere-se à atividade principal e não exclusiva dessas agências. Tanto a Usaid financia diretamente alguns projetos quanto o NED tem certa autonomia na escolha de suas instituições parceiras, além de a própria parceria com essas instituições servir de canal de instrução político-ideológica.

Logo abaixo da Usaid e do NED, vêm o American Center for International Labor Solidarity (ACILS), o Center for International Private Enterprise (CIPE), o International Republican Institute (IRI) e o National Democratic Institute (NDI). O ACILS atua junto a sindicatos, e o CIPE, junto às

---

[5] Nancy Fraser e Rahel Jaeggi, *Capitalismo em debate* (trad. Nathalie Bressiani, São Paulo, Boitempo, 2020), p. 104.

empresas. As outras duas instituições são *think tanks* ligados respectivamente ao Partido Republicano e ao Partido Democrata.

Peça-chave no circuito, o NED é fruto do consenso político entre as elites estadunidenses no que toca à consecução de política externa. Como observa Luan Brum, diretamente ou por meio do ACILS, do CIPE, do IRI e do NDI, o NED "se insere dentro de um esforço maior de Washington, que busca minimizar suas práticas de ingerência em outros países, tornando-as cada vez menos identificáveis, permitindo que os Estados Unidos atinjam um nível de desengajamento, ao 'terceirizarem' a implementação de programas no âmbito de organizações da sociedade civil"[6]. Assim, o NED apaga os rastros que ligam os recursos do Tesouro aos agentes de campo da ação imperialista, o que permite realizar atividades que normalmente seriam tachadas de intervenção e lesivas à soberania dos países onde essas instituições privadas operam.

Na ponta da estrutura, há uma constelação de *think tanks*, ONGs, sindicatos e movimentos sociais que, selecionados pela Usaid e pelo NED, recebem os recursos e operam como quinta-coluna.

Esse mecanismo foi analisado detalhadamente por Moniz Bandeira[7] ao abordar o contexto da Europa oriental nos anos 1990 e 2000, com casos que são caros ao presente estudo: as revoluções coloridas Bulldozer (Sérvia, 2000), Rosa (Geórgia, 2003), Laranja (Ucrânia, 2004-2005) e Euromaidan (Ucrânia, 2013-14). Esse autor mostra como essa estrutura de guerra ideológica pode ficar esperando um evento cuja significância possa ser anabolizada e, assim, servir de gatilho para estourar uma revolução colorida.

Devemos acrescentar dois atores que operam em um nível intermediário entre as instituições ligadas à Usaid e ao NED (ACILS, CIPE, IRI e NDI) e os agentes

---

[6] Luan Correa Brum, *O poder das ideias e a consolidação dos institutos liberais parceiros da Atlas Network no Brasil* (dissertação de mestrado, Universidade Federal de Uberlândia, 2022), p. 85

[7] Luiz Alberto Moniz Bandeira, *A segunda guerra fria: geopolítica e dimensão estratégica dos Estados Unidos. Das rebeliões na Eurásia à África do Norte e ao Oriente Médio* (Rio de Janeiro, Civilização Brasileira, 2013); *A desordem mundial: o espectro da total dominação. Guerras por procuração, terror, caos e catástrofes humanitárias* (Rio de Janeiro, Civilização Brasileira, 2016).

da ponta. A Atlas Network é um *think tank* ao qual estão associadas mais de 500 instituições congêneres em mais de 100 países, sendo 15 delas apenas no Brasil. A outra instituição é a Cato, que, embora em escala menor, desempenha papel semelhante. Como mostram Flavio Casimiro[8] e Camila Rocha[9], a Atlas e a Cato contribuíram para a organização dos aparelhos ideológicos da direita brasileira, seja na formação direta de quadros, seja por meio da associação com *think tanks* liberais, como o Instituto Liberal (IL), o Instituto Millenium (Imil), a Ordem Livre, os Estudantes Pela Liberdade (EPL) e o Instituto Mises Brasil (IMB).

A revolução colorida brasileira

No Brasil, os primeiros *think tanks* liberais da Nova República se estabeleceram em 1983, ainda no ocaso da ditadura, de modo a disputar os rumos do país que surgiria. Eles experimentaram uma ascensão ao longo dos anos 1980 e 1990. Como, com a reeleição de Fernando Henrique Cardoso (FHC), o empresariado acreditou que havíamos chegado ao fim da história, o apoio aos *think tanks* minguou. Se a eleição de Luiz Inácio Lula da Silva mostrou o equívoco de tal prognóstico, a perspectiva de reeleição do petista suscitou uma nova geração de *think tanks*.

Na geração 1980-1990, os quadros desses aparelhos ideológicos eram principalmente acadêmicos e empresários. Já na geração pós-2006, a esses perfis se somou outro, cuja formação se deu com características peculiares, o que lhes conferiu enorme combatividade.

Formados intelectualmente no auge do lulismo e identificados com um liberalismo radical (à direita dos governos FHC), constituíam uma minoria e se sentiam silenciados no debate. Sua militância se iniciou no mundo virtual, notadamente no Orkut. Por isso, carregavam uma retórica agressiva, típica

---

[8] Flávio Henrique Calheiros Casimiro, *A nova direita: aparelhos de ação política e ideológica no Brasil contemporâneo* (São Paulo, Expressão Popular, 2018).

[9] Camila Rocha, *Menos Marx, mais Mises: o liberalismo e a nova direita no Brasil* (São Paulo, Todavia, 2021).

dos fóruns virtuais, e demonstravam habilidade nesse tipo de ambiente. Por fim, enquanto na geração dos anos 1980-1990 a experiência internacional dos quadros se resumia a cursos de pós-graduação, em especial em Chicago, alguns dos quadros da nova geração passaram pela Atlas ou pela Cato, onde, além de teoria liberal, se adquire *know-how* sobre organização e atuação política[10].

Foi entre 2006-2012 que surgiram *think tanks* e movimentos que seriam decisivos para a transformação pela qual o Brasil passaria: Endireita Brasil, EPL, Imil, IMB, Ordem Livre, NasRuas e Revoltados Online. Como se pode ver na imagem abaixo, muitos desses *think tanks* são ligados ao sistema Usaid/NED.

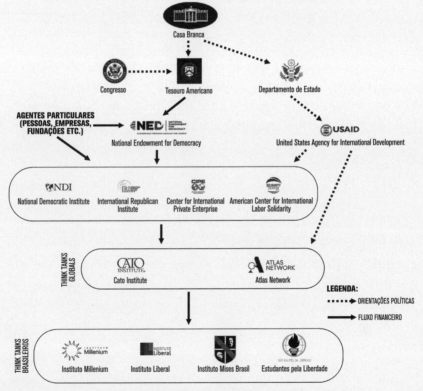

Fonte: elaboração própria a partir de Brum (2022), Mendes (2022), Casimiro (2018) e Rocha (2018). Arte de Antonio Ribas.

---

[10] Idem.

Nesse período, essa juventude de direita disputou eleições para diretórios acadêmicos e organizou atos. De fato, nada disso foi bem-sucedido até 2013[11]. Ou, melhor dizendo, até o golpe de 2016, porque essas instituições foram o celeiro de vários dos quadros que ascenderam nos governos Temer e Bolsonaro. Bruno Garschagen, Carla Zambelli, Fábio Ostermann, Paulo Guedes, Ricardo Salles e Ricardo Vélez, por exemplo, foram dirigentes em alguns desses grupos antes de 2013.

Essa lista ficaria muito mais ampla se considerássemos lideranças que não ocuparam posição de direção, como Marcel van Hattem, um dos principais nomes do ultraliberalismo no Brasil. Em 2013, ele estava sem mandato. Em 2016, mesmo sendo deputado estadual, esteve ao lado de Temer em seu discurso de posse. Entre 2019-2022, como deputado federal, liderou uma das bancadas mais alinhadas ao governo.

Dentre os jovens quadros da direita dessa geração, se destaca o deputado estadual Fábio Ostermann (Novo-RS), que liderou diversos aparelhos ideológicos da direita e contribuiu para projetar van Hattem. Voltando de um curso na Foundation for Economic Education (*think tank* estadunidense), Ostermann decidiu montar aqui uma filial da Students For Liberty (SFL), ligada à Atlas e, consequentemente, à estrutura Usaid/NED. Do SFL Brasil surgiu o EPL, e deste, o Movimento Brasil Livre (MBL). Ostermann, conversando com outras lideranças ultraliberais, percebeu que "tinha gente querendo participar [das manifestações] e a gente precisava encontrar uma maneira de canalizar esse entusiasmo, a partir daí a gente passou a tocar isso em 16 e 17 de junho de 2013"[12]. Uma prova desse interesse inusual de grupos de direita por atos que eram até então de esquerda é uma convocação feita no dia 14 pelo grupo *ancap* Libertários[13].

---

[11] Idem.

[12] Ibidem, p. 145.

[13] A referida convocação está disponível no perfil LIBER SP no seguinte endereço: <https://www.facebook.com/sejalibersp/photos/oa.556453247731811/576684259042795>; acesso em: 19 abr. 2023.

Então chegamos ao momento mais decisivo da história brasileira recente.

Os atos contra o aumento começaram no dia 6 de junho. No dia 13, ocorreu o quarto dia de protestos. Até então, eles eram pequenos, tinham pautas e lideranças de esquerda. Foi no intervalo entre 13 e 17 de junho que a direita e o imperialismo apostaram pesado na promoção da contrarrevolução brasileira, na promoção da revolução colorida, que teve início no dia 17, quando os atos se agigantaram.

Uma das evidências dessa ação articulada é o interesse de Ostermann e outros jovens ultraliberais em participar das manifestações. É bom lembrar que essas jovens lideranças liberais tinham conexões com a estrutura Usaid/NED e expertise em trabalho no ambiente virtual, sobretudo no Facebook, a rede social mais popular no Brasil.

Há anos, esses jovens realizavam atos pequenos. Logo, a simples adesão e convocação por parte deles seria insuficiente para promover um salto de qualidade. Porém, por que jovens ultraliberais teriam interesse em participar de atos de esquerda? Certamente não pela pauta. Será que eles se sensibilizaram com a violência policial do dia 13?

Daí surgiu a repentina e espontânea indignação solidária. Embora uma falácia, essa foi uma tática eficiente levada a cabo pela mídia oligopolista. Sempre contrários a qualquer manifestação de esquerda, os veículos dela vinham condenando os atos. No dia 13, o editorial da *Folha de S.Paulo* disse que era "hora de retomar a Paulista"[14]. Após a violenta repressão aos atos daquela noite, os jornais do dia 14 mudaram a chave e passaram a condenar a violência policial. A *Folha* trouxe em sua capa um policial negro batendo com um cassetete nas costas de uma manifestante jovem e branca; já *O Globo* exibiu um grupo de jovens brancos ajoelhados e de mãos para cima sob a mira das armas da polícia.

---

[14] "Retomar a Paulista", *Folha de S.Paulo,* 13 jun. 2013; disponível em: <https://m.folha.uol.com.br/opiniao/2013/06/1294185-editorial-retomar-a-paulista.shtml>; acesso em: 19 abr. 2023.

A função da mudança era gerar comoção. A imprensa percebeu ali uma oportunidade de desestabilizar o governo Dilma. Ora, a violência policial é uma rotina no Brasil e seus alvos preferenciais são a juventude negra das favelas e os manifestantes de esquerda. Essa brutalidade nunca tocou a classe média ou a mídia. Porém, os principais veículos apostaram que era possível explorar a situação, desde que usassem as palavras e imagens certas, para assim romper os limites nos quais as manifestações de direita vinham esbarrando.

Não obstante, há que se analisar mais detidamente a dimensão virtual, com destaque para o Facebook. Nesse sentido, há duas questões preliminares. Ao usar a rede, as pessoas fornecem informações indispensáveis sobre o perfil político e psicológico da população, o que confere maior eficiência de interferência política a quem tiver as ferramentas certas. Ademais, seu uso para fins de engajamento e mobilização já havia passado por provas de campo em ambientes bem distintos: durante a eleição de Obama e a chamada Primavera Árabe.

Além do aspecto já citado de que as lideranças ultraliberais possuíam grande habilidade nas plataformas virtuais, há três fatos que merecem destaque. A partir do dia 14, perfis de direita passaram a compartilhar intensamente postagens sobre as manifestações[15]. Além disso, Bolsonaro criou um perfil no Facebook no dia 14 de junho de 2013. Então, a partir do dia 14, começou a circular pela rede uma *fake news* orientando que as pessoas se vestissem com a bandeira brasileira porque, assim, a polícia não poderia bater nos manifestantes. Do dia 16 em diante, esse embuste passou a circular como uma orientação do apresentador Jô Soares.

Logicamente, não é possível atribuir a Bolsonaro a criação dessa *fake news*. No entanto, seria ingenuidade menosprezar seu impacto, já que a bandeira brasileira se tornou de fato adereço das manifestações, ou achar que tal mentira tenha sido uma traquinagem. Tampouco se pode negar que a criação do

---

[15] Sergio Amadeu e Tiago Pimentel, "Cartografia de espaços híbridos: as manifestações de junho de 2013", *Carta Potiguar*, 31 jul. 2013; disponível em: <https://www.cartapotiguar.com.br/2013/07/31/cartografia-de-espacos-hibridos-as-manifestacoes-de-junho-de-2013/>; acesso em: 19 abr. 2023.

perfil indica que Bolsonaro não apenas via nas redes sociais um nicho que lhe permitiria crescer, como ele também percebia que era o momento de passar a atuar no meio digital.

Finalmente, a fim de ilustrar a velocidade com que se processaram as transformações daqueles protestos, elaboramos a imagem a seguir. Nela, é possível visualizar as várias frentes da articulação da direita para que os protestos se tornassem multitudinários.

Dom	Seg	Ter	Qua	Qui	Sex	Sáb
						1
2	3	4	5	6	7	8
9	10	11	12	13	14	15
16	17	18	19	20	21	22
23	24	25	26	27	28	29
30						

Dia	Principais fatos
6, 10, 11, 13	Atos contra o aumento da passagem do transporte público
14	Virada na cobertura da mídia oligopolista Fake da bandeira Criação do perfil de Bolsonaro no Facebook Pequenos movimentos liberais começam a convocar
16	Jovens lideranças ultraliberais de expressão nacional começam a convocar para os atos
17	Atos ficam gigantescos Bandeira brasileira ganha destaque
17-20	Revolução colorida

Considerações finais

A direita brasileira e as forças imperialistas viram em junho de 2013 uma janela de oportunidade para impor a própria contrarrevolução e induzir a submissão do Brasil por meio de uma ação coordenada. Apostaram pesado – e ganharam. Poderiam ter perdido? Sim, poderiam. Mas não perderam. E no dia 17 ficou clara essa vitória.

Por que escolheram aquele momento, especificamente? Essa é uma investigação para a história. Mas o que os fatos indicam é que houve uma ação coordenada típica de revoluções coloridas.

Independentemente de como se queira chamar, negar que houve uma ação coordenada é comprar pelo valor de face uma ilusória espontaneidade, é acreditar que centenas de milhares de pessoas de súbito resolveram protestar contra tudo e contra todos. É achar que os milhões de dólares que os *think tanks* de direita recebem do governo dos Estados Unidos e do grande capital não passam de filantropia.

Negar essa ação coordenada é afirmar que tudo não passou de coincidência. Que me desculpem os que ainda veem 2013 com romantismo, mas, como disse Celso Amorim: "Quem quiser acreditar em coincidência que acredite. Eu só acredito em teorias da conspiração".

Junho de 2013 e a guerra híbrida: o leninismo contra a idealização da conspiração
Jones Manoel

Conspirações fazem parte da política desde que as sociedades se complexificaram a tal ponto em que ter um governo separado da coletividade mais imediata tornou-se uma realidade. Antes do capitalismo, a política se resumia a articulações palacianas, com a presença das massas restritas a momentos como guerras, revoltas e rebeliões. No capitalismo, o campo político não pode se resumir às articulações conspiratórias. O motivo é simples: o capitalismo cria uma classe trabalhadora e junta grandes massas humanas em um mesmo ambiente urbano-industrial.

O surgimento da multidão na política, com o crescimento do capitalismo, assombrou os europeus no século XIX. A política deixou de ser apenas uma arte de notáveis, figuras ricas e "bem-nascidas", e começou a ser exercida por multidões famélicas, analfabetas, pobres etc., que se organizavam em associações, sindicatos, partidos e movimentos sociais.

A criação desse espaço público, com a presença inevitável das massas trabalhadoras, aconteceu em alguns países no século XIX; em outros, como o Brasil, ela se consolidou a partir de 1930. Diversos fatores explicam as temporalidades diferentes da era da política de massas em cada país: nível de urbanização e industrialização, existência ou não de uma reforma agrária, dinâmica organizativa do movimento operário etc.

O surgimento da era de massas na política aconteceu a despeito da blindagem institucional à participação popular no campo político. Até 1988, os analfabetos não podiam votar no Brasil, não existia liberdade de organização partidária no país (tome, por exemplo, a história de clandestinidade do Partido Comunista Brasileiro [PCB]), havia tutela do Estado sobre os sindicatos e fortíssima violência privada e estatal no campo. Essas iniciativas dificultaram, deformaram e retardaram a participação das massas populares na política, mas não a anularam completamente. Essa anulação é uma impossibilidade objetiva.

Sendo essa reflexão verdadeira, a política, no capitalismo, não pode ser resumida à conspiração. Na política há, e sempre haverá, conspiração, segredo, "bastidores". Por exemplo, antes do golpe de 1964, tínhamos uma conspiração envolvendo o governo dos Estados Unidos, diversos setores da burguesia brasileira, as Forças Armadas, a alta cúpula da Igreja católica e afins. Essa conspiração, por definição, era secreta. Mas secreta sempre em alguns níveis, e não de maneira absoluta. Em alguma dimensão, os envolvidos tinham de tornar público seu programa liberal, golpista e antipopular.

Membros da conspiração, como Carlos Lacerda, falavam abertamente em acabar com o governo Jango. Os Estados Unidos emitiam mensagens públicas para enfraquecer o governo. A mídia burguesa e a Igreja católica divulgavam posicionamentos que criavam uma situação política favorável ao golpe – como o suposto caráter comunista do governo. O próprio golpe de 1964, no dia 1º de abril, foi um ato público da conspiração golpista. Mesmo quando a ação política tem a conspiração como elemento central, é preciso uma ação política pública, aberta em diversos momentos (e com diferentes formas) da manobra conspirativa.

Além disso, na política sempre existe o elemento do imponderável, contingente e incerto. Ficando no exemplo do golpe de 1964, os Estados Unidos esperavam uma resistência forte e pensavam na possibilidade de guerra civil, enquanto vários de seus participantes civis, como o já citado Carlos Lacerda, esperavam uma quartelada rápida, com novas eleições em breve – sabemos que nada disso ocorreu.

O incerto nas conspirações também pode ser favorável para a classe trabalhadora. Durante a Primeira Guerra Mundial, o Império alemão permitiu a Lênin que viajasse em um trem blindado de volta à Rússia. A tática alemã era clara: concordar que um agitador marxista voltasse ao próprio país para aumentar as tensões e os enfrentamentos internos, reduzindo a capacidade de defesa militar dessa nação. Mas o Império alemão não esperava que esse agitador se tornasse líder de uma revolução com profundos impactos também na Alemanha.

Poderíamos dizer hoje que o Império alemão calculou mal os riscos de sua manobra. Essa visão, assim colocada, é errada. Lênin era de um partido minoritário e, mesmo em seu partido, não existia um consenso pela tomada do poder – o líder bolchevique, por algum tempo, ficou isolado na posição de "todo poder aos sovietes". Era impossível prever que a volta de Lênin à Rússia seria um dos elementos centrais – talvez o mais decisivo – para a vitória da Revolução.

Claro, existem limites para o improvável. É bem difícil imaginar que um ministro de Joe Biden se tornará marxista e organizará um complô em prol de uma revolução socialista nos Estados Unidos. Filosoficamente, não podemos dizer que isso é impossível, mas é extremamente improvável. A fronteira entre o improvável e o impossível, contudo, é móvel, histórica e se altera de acordo com a própria conflitividade da política.

Em suma, seja na montagem, no desenvolvimento ou no desfecho da conspiração, sempre são necessários níveis de ação política visível, elementos não previstos, dinâmicas não controláveis, disputas e respostas variadas das classes, frações de classe, organizações políticas e lideranças. Não é possível, no mundo atual, uma conspiração palaciana de poucos mudar o regime político ou ter uma influência nos rumos da luta de classes sem desdobramentos de massa.

Todo esse preâmbulo serve para dizer que qualquer análise política que se resuma à conspiração e desconsidere as respostas das classes em presença e suas organizações tende a estar errada. A conspiração nunca abarcará e colonizará toda a complexidade da política. E essa complexidade da ação política também é expressa no movimento das massas populares. Não é incomum, após uma revolta, uma revolução, um golpe de Estado ou uma rebelião popular narrar o episódio como uma marcha inequívoca, sem contradições, possibilidades de derrotas, múltiplas consciências em jogo. É fácil, depois do desfecho de um evento, ver seu caminho em uma linha reta até o final.

Na luta de classes em processo, aqui e agora, nunca teremos um cenário com um exército proletário de um lado *versus* o exército burguês de outro, ambos com consciência clara dos próprios interesses históricos e imediatos, se enfrentando. Nem a consciência de classe da burguesia é uma expressão pura e coerente das relações econômicas e de propriedade que lhe dão fundamento. Os indivíduos de cada classe têm religião, gênero, time de futebol, pertencimento geográfico, raça e vários outros marcadores sociais de identificação, e são influenciados no próprio comportamento e na própria leitura de mundo por medos, preconceitos, tradições, experiências, informações do momento e diversos aspectos da subjetividade.

Nesse ponto, vale lembrar Lênin. Ele compreendia a classe trabalhadora em sua realidade concreta. Não imaginava cada operário como um Marx em potencial e sabia que a ação das massas na cena política traz consigo "preconceitos, suas fantasias reacionárias, suas fraquezas e seus erros"[1]. A clareza de objetivos políticos, estratégicos e táticos não é algo que brota espontaneamente do Ser de classe; ela depende de um longo trabalho teórico, político e organizativo em tempos "normais" e da potencialização desse trabalho em momentos atípicos, como crises, guerras e afins.

Imagine, por exemplo, que um conjunto de organizações estabelece todo ano um ato em defesa de mais orçamento para a saúde em uma cidade. O ato, tradicionalmente, atrai mil pessoas. Por uma série de motivos, em um ano específico, temos 100 mil pessoas nas ruas no protesto: as lideranças terão de lidar com novas expressões de consciência, forjar novas palavras de ordem, dinâmicas de condução do ato, ter seu papel questionado (talvez lidar com

---

[1] Vladímir Lênin, "A Rebelião Irlandesa de 1916"; disponível em: <https://www.marxists.org/portugues/lenin/1916/10/91.htm>; acesso em: 19 abr. 2023.

novas lideranças). O tradicional, tendencialmente, não funcionará. Para o ato ser bem-sucedido, boa parte do novo público terá de aprender rapidamente com os já organizados, e estes, com os novos sujeitos em luta. Nesse processo de massificação, aumentam as chances de imprevistos, acidentes, oportunismo e todo tipo de problema.

Se isso é verdade ao se pensar na explosão de massas rompendo a normalidade em um ato, imagine para a política de todo o país. Caso valha o jargão "não existe espaço vazio na política", isso é verdade, em particular, na ação de multidões.

O fantástico país sem luta de classes: "guerra híbrida" e esquecimentos

Pode parecer desnecessário relembrar esses fundamentos básicos de uma visão marxista e crítica da política, mas, como diria um poeta, em algumas épocas é imprescindível dizer o óbvio. No debate sobre Junho de 2013, uma das noções mais adotadas nega o óbvio e se perde em uma série alucinada de lugares-comuns, reconstrução histórica falha e redução da política à conspiração.

A noção de guerra híbrida, usada no sentido atual, surgiu nos meios militares dos Estados Unidos e se generalizou na mídia burguesa e no mundo acadêmico a partir dos acontecimentos na Ucrânia (*hackers* russos, guerra no Donbass etc.). É uma noção saturada de geopoliticismo que pensa o conflito político a partir das disputas entre Estados nacionais (e as disputas políticas em termos de "inimigo interno" e fraquezas na "segurança nacional").

No Brasil, essa noção ganhou popularidade a partir da publicação, pela editora Expressão Popular, do livro *Guerras híbridas: das revoluções coloridas aos golpes*[2], de Andrew Korybko. Essa é uma obra que descreve um conjunto de técnicas e manobras de intervenção operadas a partir de um Estado nacional

---

[2] Andrew Korybko, *Guerras híbridas: das revoluções coloridas aos golpes* (São Paulo, Expressão Popular, 2018).

e que mobilizam organizações e recursos paraestatais em uma sociedade. É um livro sem luta de classes, imperialismo, crítica da economia política e os debates marxistas sobre ideologia, consciência de classes e movimento de massas.

A despeito disso, a noção de guerra híbrida foi abraçada como um Santo Graal explicativo: Junho de 2013, Lava Jato, golpe de 2016, eleição de Jair Bolsonaro, prisão de Lula etc. É um desses modismos que, de tempos em tempos, adoece a esquerda brasileira – como lugar de fala, empoderamento, necropolítica, *lawfare* e afins. Vejamos as consequências práticas da aplicação da noção de guerra híbrida a partir de uma entrevista dada por Korybko ao jornal *Brasil de Fato*[3].

O título da entrevista é, em si, curioso: "Agentes externos provocaram uma 'guerra híbrida' no Brasil, diz escritor". O que seria um "agente externo" não é explicado: é um funcionário do imperialismo estadunidense atuando no Brasil? São brasileiros a serviço do imperialismo? Neste segundo caso, entram apenas os conscientes dessa função ou os inconscientes também? E um sujeito que, no auge do golpe de 2016, diz que golpe é uma "palavra muito dura" e em 2018 elogia a Lava Jato, dizendo que ela fez bem para o país e criticando apenas a prisão de Lula (mesmo com, por exemplo, todos os prejuízos na Petrobras), é um agente externo da "guerra híbrida"?[4].

A primeira pergunta é sobre a definição de guerra híbrida. Vejamos o que diz Korybko:

---

[3] Eleonora de Lucena e Rodolfo Lucena, "Agentes externos provocaram uma 'guerra híbrida' no Brasil, diz escritor", *Brasil de Fato*, 19 out. 2018; disponível em: <https://www.brasildefato.com.br/2018/10/19/agentes-externos-provocaram-uma-guerra-hibrida-no-brasil-diz-escritor>; acesso em: 19 abr. 2023.

[4] "Para Haddad, golpe é uma palavra 'muito dura'", *UOL*, 10 ago. 2016; disponível em: <https://noticias.uol.com.br/ultimas-noticias/agencia-estado/2016/08/10/haddad-impeachment-deve-surgir-nos-debates-mas-foco-serao-propostas-para-sp.htm>; e "Haddad diz que juiz Sergio Moro fez bom trabalho na Lava Jato", *Folha de S.Paulo*, 17 out. 2018; disponível em: <https://www1.folha.uol.com.br/poder/2018/10/haddad-diz-que-juiz-sergio-moro-fez-bom-trabalho-na-lava-jato.shtml>; acessos em: 19 abr. 2023.

As Guerras Híbridas são conflitos identitários provocados por agentes externos, que exploram diferenças históricas, étnicas, religiosas, socioeconômicas e geográficas em países de importância geopolítica por meio da transição gradual das revoluções coloridas para a guerra não convencional, a fim de desestabilizar, controlar ou influenciar projetos de infraestrutura multipolares por meio de enfraquecimento do regime, troca do regime ou reorganização do regime.[5]

Não existe uma definição do que são "agentes externos". A imaginação de cada um preenche essa lacuna. Depois, a noção do que é "conflito identitário" também é nebulosa, não explicada. O imperialismo explorar conflitos e diferenças não é novidade. Basta pensar na ação dos Estados Unidos durante o governo Jango a partir do complexo Instituto de Pesquisas e Estudos Sociais/Instituto Brasileiro de Ação Democrática (Ipes/Ibad). Todos os elementos factuais presentes na descrição do conceito já podem ser encontrados, por exemplo, no golpe de 1964[6]. O que muda é acrescentar a importância geopolítica para a multipolaridade como elemento central do desencadear de uma "guerra híbrida" – mas isso é motivo, não explicação do processo (revolução colorida aparece como par teórico da guerra híbrida, mas é outro conceito, com outra história e fundamentação bem mais sólida).

Na continuidade do raciocínio, Korybko deixa claro como pensa a política como um videogame sem contradições, disputas e acasos. Ele diz:

> O estudo detalhado da sociedade de um estado-alvo e das tendências gerais da natureza humana (auxiliado por pesquisas antropológicas, sociológicas, psicológicas e outras) permite construir um quadro de como é o funcionamento "natural" daquela sociedade. Armados com esse conhecimento, os praticantes da Guerra Híbrida podem prever com precisão quais "botões apertar" por meio de provocações para obter respostas esperadas de seus alvos, tudo com a intenção

---

[5] Eleonora de Lucena e Rodolfo Lucena, "Agentes externos provocaram uma 'guerra híbrida' no Brasil, diz escritor", cit.
[6] Sobre o tema ver Luiz Alberto Moniz Bandeira, *O governo João Goulart: as lutas sociais no Brasil - 1961-1964* (São Paulo, Editora Unesp, 2010).

de perturbar o *status quo* por processos locais de desestabilização manipulados por forças externas.[7]

A dinâmica interna de um país é pensada sem contradições, antagonismos, disputas. É apenas a tela de ação planejada, totalmente coerente e mecânica, dos agentes da "guerra híbrida" (vale destacar que nada é mais antigo que o uso de conhecimentos das ciências humanas para estudar sociedades que se busca dominar – basta pensar, por exemplo, no surgimento da antropologia). Quando chega ao Brasil, o autor diz que "o Brasil se tornou um alvo desde a eleição de Lula e seu movimento em direção à multipolaridade" e complementa que, se o pré-sal tivesse sido entregue aos Estados Unidos, com acesso vedado à China, "então os Estados Unidos poderiam não ter motivação para empreender uma Guerra Híbrida no Brasil, ou poderia ser atenuada ou adiada". Depois, ele afirma que o golpe contra Dilma foi resultado da guerra híbrida, que "há uma Guerra Híbrida muito intensa sendo travada no Brasil neste momento e afeta todos os aspectos da vida de cada cidadão"; e na conclusão, na pergunta sobre como se defender da guerra híbrida, afirma que o Estado pode restringir ou monitorar as redes sociais, o cidadão comum, "desenvolver seu pensamento crítico para poder diferenciar entre notícias reais, notícias falsas e notícias manipuladas", terminando com "quanto aos partidos da oposição, oficiais ou não, eles precisam travar suas próprias Guerras Híbridas, seja ofensivamente ou defensivamente, embora seja sempre melhor para eles ficar do lado da verdade em vez de recorrer a mentiras"[8].

Como não existe debate sobre imperialismo e crítica da economia política para o autor, a guerra híbrida no Brasil só começou com o governo Lula. E, antes, o imperialismo não fazia política? A Central Intelligence Agency (CIA) e a National Security Agency (NSA), dois dos órgãos mais poderosos do imperialismo, não atuavam em nosso país? Se o pré-sal tivesse sido entregue aos Estados Unidos, e o Brasil tivesse cortado relações com a China,

---

[7] Eleonora de Lucena e Rodolfo Lucena, "Agentes externos provocaram uma 'guerra híbrida' no Brasil, diz escritor", cit.

[8] Idem.

estaríamos livres da política externa estadunidense? Nesse caso, somos informados de que bastava José Serra ter ganhado a eleição de 2010 que não teríamos "guerra híbrida".

Quando Lula manteve a "parceria" da Polícia Federal (PF) com a CIA, o Federal Bureau of Investigation (FBI) e o Drug Enforcement Administration (DEA), com a PF recebendo financiamento e treinamento dos órgãos do governo estadunidense, o presidente eleito era um "agente estrangeiro" da "guerra híbrida"[9]? A mesma pergunta vale para a presidenta Dilma que, em 2010, assinou um memorando de cooperação entre a embaixada dos Estados Unidos e a PF brasileira[10].

Em suma, a noção de guerra híbrida não explica o padrão de atuação do imperialismo (antes, durante e depois dos governos petistas) e não considera dois pontos básicos: (1) o comportamento político da burguesia e da alta burocracia do Estado burguês e (2) o comportamento das classes trabalhadoras e suas organizações diante do imperialismo.

Isso fica escancarado quando Korybko tenta responder o que fazer para se defender da guerra híbrida. Surge uma noção abstrata de o "cidadão" desenvolver consciência crítica e diferenciar notícias falsas da verdade, o Estado controlar ou regular redes sociais e os próprios partidos desenvolverem suas "guerras híbridas" – a "guerra híbrida" deixa de ser um conjunto de técnicas de intervenção, manipulação e controle de Estados nacionais e vira um ativo que pode ser mobilizado por todos.

Na história de Korybko e muitos outros, é como se Dilma tivesse caído em junho de 2013. Embora a popularidade da presidenta tenha sido muito abalada, ela recuperou parte do apoio popular, ganhou a eleição de 2014 e em dezembro desse ano apresentava crescimento de sua popularidade (52%

---

[9] Marco Antônio Martins, "Agentes da CIA conseguem atuar livremente no Brasil", *Folha de S.Paulo*, 15 set. 2013; disponível em: <https://www1.folha.uol.com.br/mundo/2013/09/1342289-agentes-da-cia-conseguem-atuar-livremente-no-brasil.shtml>; acesso em: 19 abr. 2023.

[10] "EUA abrigariam espiões da CIA no Brasil com apoio da PF", *Fenapef*, 17 set. 2013; disponível em: <https://fenapef.org.br/43372/>; acesso em: 19 abr. 2023.

de aprovação, e só 27% consideravam o governo ruim/péssimo)[11]. Mesmo que a bancada de deputados federais tenha caído de 88 para 69, o resultado de 2014 foi superior aos de 2018 e 2022 (54 e 68 deputados, respectivamente). A noção de linha reta de Junho de 2013, Lava Jato, golpe e eleição de Bolsonaro visa esconder o ajuste fiscal de 2015 operado pelo banqueiro Joaquim Levy como ministro da Fazenda.

Será que o governo Dilma, depois de ganhar uma eleição apertada, aplicar o programa derrotado nas urnas e potencializar vários problemas que foram detonadores de Junho de 2013 ajudou a derrubar o governo? Vale lembrar a própria análise do PT em maio de 2016: "O ajuste fiscal, além de intensificar a tendência recessiva, foi destrutivo sobre a base social petista, gerando confusão e desânimo nos trabalhadores, na juventude e na intelectualidade progressista, entre os quais se disseminou a sensação, estimulada pelos monopólios da comunicação, de estelionato eleitoral"[12].

Outro grande divulgador da noção de "guerra híbrida" e da conspiração como essência da política é o jornalista Pepe Escobar. Frequentador assíduo da *TV Brasil 247*, Pepe tem milhões de visualizações mensais e é, para muitos na esquerda brasileira, um farol quando o tema é geopolítica. Em um conhecido artigo chamado "O Brasil no epicentro da Guerra Híbrida", o jornalista realiza o procedimento padrão: uma reconstrução histórica cheia de furos que liga vários movimentos globais aos acontecimentos no Brasil (sem analisar particularidades), ignorando a classe trabalhadora, suas organizações e disputas etc. Um trecho bem representativo de toda a lógica desse artigo é este: "não por acaso, São Paulo tornou-se o epicentro da Guerra Híbrida contra o

---

[11] Mariana Haubert, "Aprovação do governo Dilma sobe para 52% após eleições", *Folha de S.Paulo*, 17 dez. 2014; disponível em: <https://m.folha.uol.com.br/poder/2014/12/1563584-aprovacao-do-governo-dilma-sobe-para-52-apos-eleicoes.shtml>; acesso em: 19 abr. 2023.

[12] Resolução sobre conjuntura, Partido dos Trabalhadores, 17 maio 2016; disponível em: <https://www.pt.org.br/wp-content/uploads/2016/05/Resolu----es-sobre-conjuntura-Maio-2016.pdf?fbclid=IwAR2M58uWakT4Db80fYQt7Rf53jF-lCcC767NbHoPN8QSAbCgsJNqgG5gqMw>; acesso em: 19 abr. 2023.

Brasil. Capital do estado mais rico do Brasil e também capital econômico-financeira da América Latina, São Paulo é o nódulo central de uma estrutura de poder interconectada nacional e internacionalmente"[13]. Quem eram as pessoas de São Paulo protestando em 2013, suas características sociológicas e de classe e se poderiam ser disputadas não é um questionamento válido para o autor. Eram todas peças no jogo da "guerra híbrida".

Poderíamos apresentar vários textos, artigos, discursos e livros com a mesma abordagem. O que cabe destacar é que, com essa análise teórica-metodológica, Junho de 2013 nunca será compreendido. Até agora, em largos setores da esquerda, vigora um medo das ruas: o "trauma de Junho de 2013". A noção básica é simples: como Junho de 2013 foi um ato capturado pela direita, todo protesto de rua pode ter o mesmo destino.

Esse trauma, contudo, é coerente com a visão do movimento de massas como um mero jogo de videogame controlado pelo imperialismo. Basta ao imperialismo apertar os botões e pronto, vitória. Além de reacionária e deseducadora, essa visão não ajuda em nada a pensar os desafios de criar um poderoso movimento de massas popular, nacional e revolucionário no Brasil.

Encaradas como trauma, as Jornadas de Junho continuarão demandando explicações simplistas, fáceis e que tragam segurança (não é preciso disputar as multidões na rua, basta não fazer nada e confiar na capacidade de negociação de Lula).

O problema dos traumas recalcados é que eles sempre voltam – às vezes com sintomas mais fortes. Que esse trauma seja superado e que o balanço do acontecimento, nesse aniversário de dez anos, lembre do arsenal crítico do marxismo e pare de mergulhar na teoria da conspiração.

---

[13] Pepe Escobar, "O Brasil no epicentro da Guerra Híbrida", *Outras Palavras*, 15 jan. 2019; disponível em: <https://outraspalavras.net/geopoliticaeguerra/o-brasil-no-epicentro-da-guerra-hibrida/>; acesso em: 19 abr. 2023.

As direitas não precisaram de Junho de 2013
Camila Rocha

As revoltas de Junho de 2013 acabaram se tornando o bode expiatório da política brasileira. Fenômenos como o surgimento de novas direitas radicalizadas, o impacto da operação Lava Jato, o impeachment de Dilma Rousseff, a prisão de Lula e a ascensão de Bolsonaro invariavelmente são atribuídos às energias liberadas durante Junho.

Nesse sentido, não é acidental que lideranças e intelectuais de campos políticos diametralmente opostos possuam diagnósticos semelhantes sobre as manifestações e a gênese do bolsonarismo.

Em agosto de 2017, Lula declarou que "foi precipitado considerar como democráticas as manifestações que tomaram o país em junho de 2013"[1], e, no ano seguinte, a filósofa Marilena Chaui afirmou que as revoltas representaram o "ovo da serpente"[2].

O cineasta Josias Teófilo, por sua vez, faz uma interpretação semelhante no documentário *Nem tudo se desfaz*. Para Teófilo, diretor de *O jardim das aflições*, filme que aborda a obra de Olavo de Carvalho, Junho de 2013 teria

---

[1] Ricardo Borges, "Lula diz que foi precipitado considerar atos de 2013 democráticos", *Folha de S.Paulo*, 11 ago. 2017; disponível em: <https://www1.folha.uol.com.br/poder/2017/08/1909354-lula-diz-que-foi-precipitado-considerar-atos-de-2013-democraticos.shtml>; acesso em: 19 abr. 2023.

[2] "Classe média se arrependeu do impeachment, diz Marilena Chaui", *Sindsep-PE*, 18 abr. 2018; disponível em: <https://www.sindsep-pe.com.br/noticias-detalhe/classe-media-se-arrependeu-do-impeachment-diz-marilena-chaui/8456 >; vídeo original em: <www.youtube.com/watch?v=CCwnvbA93_U>; acesso em: 19 abr. 2023.

marcado o início de uma série de revoltas em massa que culminaram com a eleição de Jair Bolsonaro[3].

De fato, quando o Junho de 2013 ocorreu, e a popularidade de Dilma Rousseff despencou, as direitas emergentes passaram a conquistar mais adeptos e simpatizantes. No entanto, o evento crucial para seu fortalecimento, bem como para o da candidatura de Jair Bolsonaro à presidência, foi a reeleição de Dilma Rousseff em 2014. Afinal, se Aécio Neves, seu oponente à época, tivesse saído vitorioso, o cenário político seria outro.

Isso significa que as direitas não precisaram de Junho de 2013 para chegar ao poder. Mas precisaram da revolta de amplos setores da população contra o Partido dos Trabalhadores (PT) e contra a permanência da petista na presidência da República. E foi justamente às vésperas das eleições de 2014 que diversos grupos de direita conseguiram, de fato, mobilizar mais pessoas.

Ainda que se possa pensar em continuidades entre os dois momentos, as diferenças são incontornáveis. Em Junho de 2013 as demandas eram diversas e havia um antagonismo contra o sistema político como um todo. Já em 2014, os protestos organizados pelas direitas visavam, especificamente, o impeachment de Dilma Rousseff a partir de um antagonismo aberto ao PT. Além disso, os perfis dos manifestantes diferem bastante. Aqueles que estavam presentes nas revoltas de Junho eram, em média, mais jovens e oriundos das classes trabalhadoras e médias[4]. Já quem esteve presente nos protestos pelo impeachment de Dilma Rousseff, era, em média, mais velho e possuía alta renda[5].

---

[3] Edilson Salgueiro, "'Bolsonaro foi o mais beneficiado das manifestações de 2013', afirma Josias Teófilo", *Revista Oeste*, 4 jun. 2021; disponível em: <https://revistaoeste.com/politica/bolsonaro-foi-o-mais-beneficiado-das-manifestacoes-de-2013-afirma-josias-teofilo/>; acesso em: 19 abr. 2023.

[4] André Singer, "Brasil, junho de 2013: classes e ideologias cruzadas", *Novos Estudos Cebrap*, n. 97, 2013, p. 23-40.

[5] Felipe Bächtold, "Protesto cresce, mas manifestante mantém perfil de alta renda, *Folha de S.Paulo*, 14 mar. 2016; disponível em: <https://m.folha.uol.com.br/poder/2016/03/1749640-protesto-cresce-mas-manifestante-mantem-perfil-de-alta-renda.shtml>; acesso em: 19 abr. 2023.

Apesar disso, Junho de 2013 teve um papel significativo para a organização das direitas nas ruas. Para compreender como isso ocorreu é preciso retroceder alguns anos e retornar ao cenário político anterior às revoltas. Assim, na primeira seção deste capítulo, aponto brevemente como, em meio à hegemonia do lulo-pemedebismo, diversas revoltas contra a corrupção irromperam anos antes, alimentando certo clima de descontentamento. Tendo isso em vista, na segunda seção, relato como certos grupos de direita emergentes, mais ou menos extremistas, atuaram em Junho e como isso facilitou seu engajamento nos protestos pelo impeachment de Dilma Rousseff.

A hegemonia do pemedebismo e as revoltas contra a corrupção

Nos anos que antecederam Junho de 2013, houve uma adesão da aliança lulista ao que o filósofo Marcos Nobre chama de pemedebismo[6]. A hegemonia lulo-pemedebista resultou em um debate público e em um sistema político no qual praticamente não existiam diferenciações ideológicas e programáticas reais. Não havia uma oposição política de fato, nem à esquerda, nem à direita, de modo que quem defendesse posições radicalmente divergentes do governo possuía certa dificuldade em se fazer ouvir.

No entanto, é importante lembrar que, a despeito do marasmo do sistema político, uma série de manifestações contra a corrupção eclodiram em anos anteriores na esteira dos desdobramentos do "mensalão"[7] e de outros escândalos de corrupção.

---

[6] O pemedebismo é uma lógica conservadora, predominante entre as classes políticas brasileiras desde a redemocratização, na qual a incorporação de demandas democratizantes é sistematicamente bloqueada por meio da manutenção de um sistema de travas e vetos políticos impostos por uma dinâmica de formação de supermaiorias no Congresso. Tal *modus operandi* é justificado perante a sociedade como condição *sine qua non* para a governabilidade; Marcos Nobre, *Imobilismo em movimento: da abertura democrática ao governo Dilma* (São Paulo, Companhia das Letras, 2013).

[7] Em 2006, 76% dos brasileiros afirmaram que o "mensalão" havia existido, o que apontava a baixa adesão à versão oficial do PT sobre o escândalo, a de que as movimentações financeiras que foram o foco original da denúncia seriam recursos não contabilizados de

Um dos primeiros movimentos nesse sentido foi o Cansei. Criado em 2007, após um acidente com um avião da TAM, o objetivo do movimento Cansei era protestar contra o que foi percebido por seus membros como um "caos aéreo" provocado pela má gestão do governo petista. Na época, o movimento reuniu cerca de 5 mil pessoas na Praça da Sé em São Paulo, que rezaram o pai-nosso, entoaram o hino nacional e bradaram gritos de "Fora Lula" e "Lula, ladrão, seu lugar é na prisão". Publicamente, o movimento se dizia apartidário e pacífico, ainda que, em um de seus protestos, manifestantes tenham sido flagrados coagindo, inclusive, militantes do Partido da Social Democracia Brasileira (PSDB) aos gritos de: "Sem bandeira", "O PSDB também é culpado", "Vagabundos, oportunistas" e "Traidores da consciência do povo". Liderado por sindicatos patronais e figuras destacadas da elite paulistana, como o empresário, ex-prefeito e ex-governador de São Paulo João Doria e o então representante da Ordem dos Advogados do Brasil – Seção São Paulo (OAB-SP), Luiz Flávio D'Urso, o movimento também contava com o apoio de artistas como Seu Jorge, que criticou os governantes do país e citou o "mensalão". Para além disso, o Cansei teve igualmente a participação de outras seis entidades civis: Cidadão, Responsável, Informado e Atuante (CRIA Brasil), Campanha Rir para não Chorar, Casa do Zezinho, Fundação SOS Mata Atlântica, Instituto Brasil Verdade, Instituto Rukha e Movimento Nossa São Paulo: Outra Cidade.

Contudo, como vários de seus membros pertenciam à elite do país, em pouco tempo o movimento acabou se tornando alvo fácil de críticas ácidas. O ex--governador do estado de São Paulo, Cláudio Lembo, filiado ao Democratas (DEM), afirmou que o Cansei era um movimento de "dondocas", e o site *UOL*, que cobriu a manifestação da Praça da Sé *in loco*, anunciou em uma manchete: "Movimento Cansei reúne grifes e gritos de 'Fora Lula' na Sé". A reportagem apontava que aquele tinha sido "um protesto diferente, com direito a fotógrafos da revista de celebridades *Caras*, equipe do programa

---

campanhas eleitorais. Inclusive, 68% dos simpatizantes do partido concordavam que o "mensalão" de fato ocorreu. Ver Gustavo Venturi, "A opinião pública diante da crise", *Teoria e debate*, n. 66, 3 jun. 2006; disponível em: <https://teoriaedebate.org.br/2006/06/03/a-opiniao-publica-diante-da-crise/>; acesso em: 19 abr. 2023.

TV Fama, bolsas Prada e óculos Dior para as mulheres, e blazer com abotoaduras, gel no cabelo e colarinho branco para os homens"[8]. Além disso, lembrava que os organizadores do protesto não ofereceram transporte para os parentes das vítimas do acidente de avião, os quais chegaram atrasados ao evento e foram impedidos de subir ao palco. Em virtude de inúmeras críticas similares, em 2011, já não havia mais vestígios do Cansei, a página do movimento na internet havia sido retirada do ar.

Os protestos do Cansei, no entanto, foram precedidos por outra manifestação contra a corrupção que ocorreu um mês antes em Porto Alegre[9]. O protesto foi organizado pelo Movimento Contra a Impunidade e a Corrupção, ligado à OAB do Rio Grande do Sul e a outras setenta entidades, e reuniu centenas de pessoas na capital gaúcha. Durante a manifestação, os dirigentes das OABs de Santa Catarina, Paraná e Rio de Janeiro anunciaram que protestos semelhantes seriam organizados em seus respectivos estados. O então presidente da OAB gaúcha, Claudio Lamachia, afirmou que a iniciativa da seccional do Rio Grande do Sul se transformaria em um grande protesto em Brasília, ainda sem data marcada, para apresentação de agenda positiva ao Congresso e à sociedade. Na época, as organizações defendiam o fim do foro privilegiado, a rejeição à proposta de emenda constitucional (PEC) que estende seus efeitos a ex-agentes políticos e a criação de mecanismos que evitem que a renúncia seja usada para preservar direitos políticos. Além de advogados, a manifestação também contou com representantes de federações empresariais e centrais sindicais adversárias, como a Central Única dos Trabalhadores (CUT) e a Força Sindical, funcionários públicos, juízes, estudantes, militantes do Partido Verde (PV), do Partido Socialismo e Liberdade (PSOL) e deputados estaduais do Partido Progressista (PP) e do Partido Comunista do Brasil (PCdoB).

---

[8] Jamildo Melo, "Grifes e gritos de Fora Lula em ação do Cansei!", *Blog de Jamildo*, 17 ago. 2007; disponível em: <https://jc.ne10.uol.com.br/blogs/jamildo/2007/08/17/grifes-e-gritos-de-fora-lula-em-acao-do-cansei/index.html>; acesso em: 19 abr. 2023.

[9] "Movimento contra a impunidade é lançado por 70 entidades", *O Estado de S. Paulo*, 13 jul. 2007; disponível em: <https://www.estadao.com.br/politica/movimento-contra-a-impunidade-e-lancado-por-70-entidades/>; acesso em: 19 abr. 2023.

Em 2011, quatro anos após a primeira iniciativa lançada em Porto Alegre, em paralelo às comemorações do 7 de Setembro, foram chamadas pelo Facebook manifestações apartidárias contra a corrupção em 34 cidades, distribuídas em 17 estados, que tiveram cerca de 26 mil confirmações na rede social. Os protestos, convocados sob o título de "2ª Marcha Contra a Corrupção e a Impunidade", organizados pelo Movimento de Combate à Corrupção Eleitoral (MCCE), ligado à Conferência Nacional dos Bispos do Brasil (CNBB)[10], e apoiada pela OAB, reuniram milhares de manifestantes. Nas imagens, era possível observar pessoas vestidas de preto e com a bandeira do Brasil e/ou com as faces pintadas de verde e amarelo, de maneira similar ao que pôde ser verificado na manifestação realizada pelo movimento Cansei em 2007, que também foi apoiado pela OAB-SP.

No entanto, os manifestantes reunidos em 2011 não se dedicaram principalmente a expor sua rejeição a Lula e ao PT, como ocorreu na capital paulista em 2007 durante os protestos do Cansei. Em Brasília, por exemplo, a marcha reuniu cerca de 25 mil manifestantes que protestaram contra a absolvição da deputada Jaqueline Roriz (Partido da Mobilização Nacional [PMN-DF]), contra o voto secreto no Congresso e escândalos de corrupção no governo da presidente Dilma Rousseff e contra o presidente da Confederação Brasileira de Futebol (CBF), Ricardo Teixeira[11]. No Rio de Janeiro, com o apoio de ONGs como Rio de Paz e Greenpeace, a passeata tomou a orla de Copacabana,

---

[10] "O MCCE foi instituído durante o período eleitoral de 2002. Mas pode-se dizer que a campanha da fraternidade de 1996, que teve por tema 'Fraternidade e Política', contribuiu para aflorar a criação do MCCE; porque depois da campanha, a Comissão Brasileira Justiça e Paz (CBJP), órgão vinculado da Conferência Nacional dos Bispos do Brasil (CNBB), lançou o Projeto Combatendo a Corrupção Eleitoral em fevereiro de 1997. Assim, foi plantada, em 1998, a semente da iniciativa popular contra a corrupção eleitoral, originando a Lei n. 9840. Fundado durante o período eleitoral de 2002, o MCCE ampliou sua atuação e hoje funciona de forma permanente com ações em todo o país". "Quando foi criado", Movimento de Combate à Corrupção Eleitoral; disponível em:<http://www.mcce.org.br/quando-foi-criado/>; acesso em: 19 abr. 2023.

[11] "Marcha contra a corrupção reúne 25 mil em Brasília", *O Estado de S. Paulo*; disponível em: <https://politica.estadao.com.br/noticias/geral,marcha-contra-corrupcao-reune-25-mil-em-brasilia,769550>; acesso em: 19 abr. 2023.

aglutinando cerca de 2 mil pessoas, várias das quais estavam vestindo preto e carregando vassouras verde-amarelas, em alusão a uma faxina no setor público[12]. Suas demandas eram a aprovação do projeto Ficha Limpa no Supremo Tribunal Federal (STF) e a transformação da corrupção em crime hediondo. Em São Paulo, 2 mil pessoas protestaram na Avenida Paulista com os rostos pintados e munidas de bandeiras do Brasil, pedindo, também, para que 10% do Produto Interno Bruto (PIB) fosse investido em educação[13].

Em 2012, ano de julgamento do "mensalão", novos protestos contra a corrupção convocados pela internet ocorreram em várias capitais brasileiras em outro feriado cívico, o Dia de Tiradentes. Os manifestantes anunciaram demandas relativas a pautas como o fim do foro privilegiado para parlamentares; a reversão de aumentos de salários de vereadores; a obrigatoriedade de ficha limpa para candidatos a cargos eletivos; mais recursos para a educação; e a saída de políticos locais. O foco principal dos atos, porém, não era o repúdio aberto ao PT e/ou a Lula, ainda que a demanda pela condenação dos "mensaleiros" estivesse presente[14]. As manifestações reuniram uma média de 2 mil pessoas em cada cidade, e novamente o preto e as cores da bandeira nacional foram utilizados nas passeatas. No entanto, ao contrário do que vinha ocorrendo desde 2007, em São Paulo houve um confronto entre os manifestantes e a polícia, que jogou bombas de efeito moral para dispersar quem protestava na Avenida Paulista[15].

---

[12] Aqui é importante lembrar da expressão "faxina ética", que foi utilizada para se referir à "faxina" ministerial realizada por Dilma Rousseff em 2011, seu primeiro ano de governo, e que, na época, foi recebida com aprovação pelas classes médias. Ver André Singer, *O lulismo em crise: um quebra-cabeça do período Dilma (2011-2016)* (São Paulo, Companhia das Letras, 2018).

[13] Cristina Serra, "Marcha contra a corrupção em Brasília reúne 20 mil manifestantes", *G1*, 12 out. 2011; disponível em: <https://g1.globo.com/jornal-hoje/noticia/2011/10/marcha-contra-corrupcao-em-brasilia-reune-20-mil-manifestantes.html>; acesso em: 19 abr. 2023.

[14] Daniel Roncaglia, "Ato contra corrupção em SP pede punição para condenados do mensalão", *Folha de S.Paulo*, 7 set. 2012; disponível em: <https://www1.folha.uol.com.br/poder/2012/09/1150245-ato-contra-corrupcao-em-sp-pede-punicao-para-condenados-do-mensalao.shtml>; acesso em: 19 abr. 2023.

[15] "Brasileiros fazem protestos contra a corrupção pelo país", *G1*, 21 abr. 2012; disponível em: <http://g1.globo.com/brasil/noticia/2012/04/brasileiros-fazem-protestos-contra-corrupcao-pelo-pais-neste-sabado.html>; acesso em: 19 abr. 2023.

Com tal cenário em vista, é possível afirmar que já havia certo clima de descontentamento no ar. No entanto, tais sinais não foram detectados pelas pesquisas de opinião pública, que na época apontavam que o índice de preocupação com o tema da corrupção oscilava em torno de 5%[16], o qual aumentaria progressivamente após a irrupção das revoltas de Junho de 2013.

Direitas em Junho

Iniciadas pelo Movimento Passe Livre (MPL) na cidade de São Paulo, as manifestações de Junho de 2013 se alastraram pelo país inteiro. Logo milhões de pessoas estavam nas ruas em torno de pautas diversas anunciadas por meio do uso de variados repertórios de ação política[17]. Isso ocorreu por conta de uma difusão dos setores mobilizados para outros grupos da sociedade[18], que passaram a se unificar em torno da rejeição do sistema político como um todo[19].

Entre as muitas pessoas e os grupos que resolveram sair às ruas estavam os militantes ultraliberais. Na época, a maioria estava mobilizada em torno do Liber, abreviação de Partido Libertário Brasileiro[20], um ensaio de partido ultraliberal que reuniu autointitulados "ativistas pela liberdade", como o economista e bacharel em filosofia Joel Pinheiro da Fonseca:

> Em 2013 a gente conseguiu organizar, durante as passeatas de Junho, uma manifestação libertária também ali. Enquanto a passeata estava passando pela

---

[16] André Singer, *O lulismo em crise*, cit.

[17] Angela Alonso e Ann Mische, "Changing Repertoires and Partisan Ambivalence in the New Brazilian Protests", *Bulletin of Latin American Research*, v. 36, n. 2, 2017, p. 144-59.

[18] Breno Bringel e Geoffrey Pleyers, "Les Mobilisations de 2013 au Brésil: vers une reconfiguration de la contestation", *Brésil(s): Sciences Humaines et Sociales*, v. 7, 2015, p. 7-18.

[19] Marcos Nobre, *Imobilismo em movimento*, cit.

[20] O Partido Libertário Brasileiro (Liber), foi uma tentativa de criar no Brasil um partido inspirado no Libertarian Party estadunidense (https://www.lp.org/). A iniciativa fracassou, mas foi importante para reunir praticamente todos os defensores de políticas libertarianas do país que atuavam politicamente na época. Entre suas principais demandas estão o fim dos impostos, liberdade para adoção de *homeschooling*, armamento de cidadãos para autodefesa e outras.

Paulista, a gente estava concentrado no vão do Masp. A passeata grande começou pela questão da tarifa do transporte público e a gente defendia a liberdade de concorrência e de competição dentro do transporte público, inclusive de carros, antes de existir o Uber. Depois o Uber surgiu, essa coisa de motorista privado que oferece transporte, mas era legal que a ideia já existia ali, sem nenhum aplicativo, já estava presente ali. Esse foi um momento muito rico, um momento que teve um grande otimismo ali também com relação até ao próprio projeto do partido. O Liber foi um período muito legal, eu gostei de ter me dedicado àquilo. Eu fui quem ajudou a organizar realmente essa manifestação que a gente teve lá no Masp, eu e mais algumas outras pessoas (Joel Pinheiro da Fonseca, maio de 2017).[21]

No entanto, na época, os ultraliberais reunidos em torno do Liber estavam menos preocupados com a pauta da corrupção em comparação com outros grupos e lideranças, como era o caso de Marcello Reis, empresário paulistano e entusiasta da ditadura militar. Reis, hoje ex-marido da deputada federal Carla Zambelli (PL)[22], era proprietário de uma página do Facebook intitulada Revoltados Online, criada em 2010, cujas origens remontam a uma comunidade do Orkut fundada em 2006 e utilizada para buscar suspeitos de pedofilia na internet. Neto de militares, o empresário foi criado pelo marido de sua prima, um metalúrgico espanhol antigrevista que reclamava das paralisações conduzidas por Lula na década de 1980 e o chamava de "sapo barbudo" e "vagabundo", adjetivos que o empresário adotou desde a infância para se referir ao ex-sindicalista[23].

Após 2010, a página dos Revoltados Online passou a integrar o ecossistema digital das direitas emergentes quando seus membros começaram a expressar

---

[21] Todas as falas reunidas neste capítulo são oriundas de entrevistas que realizei durante minha tese de doutorado e estão publicadas em Camila Rocha, *Menos Marx, mais Mises: o liberalismo e a nova direita no Brasil* (São Paulo, Todavia, 2021).

[22] Ver perfil de autor no site *O antagonista*: <https://oantagonista.uol.com.br/tag/marcello-reis/>.

[23] Guilherme Pavarin, "O ostracismo do maior revoltado online", *piauí*, 26 maio 2017; disponível em: <https://piaui.folha.uol.com.br/o-ostracismo-do-maior-revoltado-online/>; acesso em: 19 abr. 2023.

a própria inconformidade com a corrupção na política e com o PT de modo mais explícito e agressivo. Porém, foi a partir das manifestações de Junho de 2013 que discursos que mobilizavam os temas da anticorrupção e do antipetismo, que já circulavam em páginas de direita na internet desde o escândalo do mensalão, se tornaram centrais para o ativismo de direita nas redes e nas ruas. E, para tanto, a atuação dos Revoltados Online foi fundamental.

Marcello Reis não era nenhum novato nas ruas em 2013. O empresário já havia participado de protestos contra a corrupção em São Paulo, em Brasília e no Rio de Janeiro entre 2011 e 2012. Em 2012, ao fazer parte de um ato na Câmara dos Vereadores de São Paulo contra a doação de um terreno para o Instituto Lula, se tornou mais popular na internet e passou a organizar, desde então, pequenos protestos no vão do Masp contra Lula e o PT. Em abril de 2013, por exemplo, ele organizou um protesto com duas dezenas de pessoas que exibiam uma faixa com os dizeres: "Lula, o câncer do Brasil. Investigação do chefe da quadrilha". Pouco tempo depois, em Junho de 2013, a mesma faixa motivaria episódios de violência após um encontro de Reis com ativistas do MPL nas ruas.

Durante Junho de 2013, os ultraliberais reunidos em torno do Liber e os seguidores de Marcello Reis ainda não se misturavam. Enquanto os ultraliberais estavam mais preocupado em difundir a ideia de que os problemas do país poderiam ser resolvidos com a radical redução da ação do Estado na sociedade, Reis demandava uma solução drástica: uma intervenção do Exército "para lavar todos os políticos corruptos e comunistas que ocupam o Congresso", como explicou um membro do Revoltados Online em novembro de 2015 à pesquisadora belga Fanny Vrydagh[24]. Tais diferenças entre ultraliberais e intervencionistas como Reis remontavam, inclusive, a encontros anteriores nas ruas, como aponta Filipe Celeti, que integrava o Liber na época:

> A gente fez uma outra manifestação, quando estava no auge aquela discussão de revisitar a história da ditadura. A gente fez uma marcha, mas acabou aparecendo um povo nada a ver, uns integralistas doidos lá, uns fascistões, *skinheads* perdidos,

---

[24] Camila Rocha, *Menos Marx, mais Mises*, cit.

que começaram a falar um monte de groselha no megafone. Aí uma hora eu peguei o megafone e falei uns lances contra os caras também e eles acabaram indo embora (Filipe Celeti, abril de 2016).

Apesar de tais tensões, os protestos de Junho propiciaram a criação de um movimento que veio a ser crucial para os desdobramentos políticos posteriores. Em meio aos protestos, surgiu a ideia de reunir a militância ultraliberal em um grupo mais amplo para participar das manifestações que recebeu o nome de Movimento Brasil Livre (MBL), como conta Fábio Ostermann, um de seus fundadores:

> Eu estava discutindo com o Juliano [Torres] a seguinte ideia, criar um movimento focado exclusivamente em ativismo e juntar pessoas que apoiam a causa da liberdade para mobilizar, para fazer protestos, petições, manifestações, esse tipo de coisa que a mídia gosta e que teria uma possibilidade de alavancar as ideias liberais. [...] Tinha gente querendo participar e a gente precisava encontrar uma maneira de canalizar esse entusiasmo, daí a partir daí a gente passou a tocar isso em 16 e 17 de junho de 2013 (Fábio Ostermann, março de 2016).

Por meio do então incipiente MBL, os militantes ultraliberais conseguiram se organizar melhor para participar das várias manifestações que ocorreram em junho de 2013 em todo o território nacional. Porém, ao fim do ano, a página do movimento no Facebook, que contava com cerca de vinte mil curtidas, acabou sendo abandonada por seus fundadores, os quais passaram a dedicar o próprio tempo a outras atividades. No entanto, logo após a eleição de Dilma Rousseff, os ativistas reunidos em torno do embrião do MBL foram fundamentais para a convocação do primeiro protesto pró-impeachment, ainda em novembro de 2014[25]. Apesar de reunir apenas 2 mil pessoas na Avenida Paulista, o protesto contou com a adesão de figuras como Eduardo Bolsonaro e Olavo de Carvalho, o que prenunciou o que estava por vir anos depois[26].

---

[25] Camila Rocha, "'Imposto é roubo!' A formação de um contrapúblico ultraliberal e os protestos pró-impeachment de Dilma Rousseff", *Dados*, v. 62, n. 3, 2019.

[26] Uma análise aprofundada da trajetória do MBL e de demais grupos de direita após Junho de 2013 é realizada por Ellen Elsie Silva do Nascimento em sua tese de doutorado:

Considerações finais

Ainda que as direitas não tenham precisado de Junho de 2013 para chegar ao poder, as revoltas foram importantes para sua organização. Em primeiro lugar, a participação de grupos e lideranças de espectros ideológicos diversos nos protestos sinalizou que seria possível reunir um número grande de pessoas nas ruas para protestar a favor de pautas que não fossem de esquerda. Isso foi possível por conta da crescente ambiguidade ideológica dos manifestantes à medida que os protestos se prolongavam.

Para além disso, Junho desencadeou um aumento importante da percepção da corrupção como principal problema do país[27], além de causar uma queda abrupta da popularidade de Dilma Rousseff, que até então era bem avaliada por cerca de dois terços dos brasileiros[28]. Nessa época, o Facebook já era acessado por 68,5% dos 85,9 milhões de brasileiros que utilizavam a internet, e os conteúdos de páginas nas quais circulavam discursos antipetistas e as teses defendidas por Olavo de Carvalho, entre as quais figuravam as de políticos tucanos e algumas ligadas a Jair Bolsonaro, já apelidado como "Bolsomito", chegavam a dezenas de milhões de pessoas.

Após a reeleição de Dilma Rousseff, todos esses fatores contribuíram para aumentar a adesão popular aos protestos que culminaram com a derrubada da presidente e facilitaram a ascensão política do então deputado de extrema direita, Jair Messias Bolsonaro.

Ellen Elsie Silva do Nascimento, *Ativismo liberal-conservador no Brasil pós-2013* (tese de doutorado, Universidade de São Paulo, 2022).

[27] André Singer, *O lulismo em crise*, cit.

[28] "Aprovação a governo Dilma Rousseff cai 27 pontos em três semanas", *Datafolha*, 29 jun. 2013; disponível em: <http://datafolha.folha.uol.com.br/opiniaopublica/2013/06/1303659-aprovacao-a-governo-dilma-rousseff-cai-27-pontos-em-tres-semanas.shtml>; acesso em: 19 abr. 2023.

Ruas em transe: a insurgência das camadas médias contra o petismo
Breno Altman

As manifestações ocorridas em junho de 2013 são inegavelmente um marco na história política recente do país. Não apenas por sua dimensão e complexidade, mas também porque expressam um deslocamento sensível das classes sociais diante do processo político que se abrira com a vitória de Lula nas eleições presidenciais de 2002.

Muitos estudiosos e protagonistas ficaram estupefatos com o cenário de rebelião que tomou conta das ruas. O estupor era tanto que fertilizou fantasiosas teorias conspiratórias, como se eternos inimigos do povo, internos e externos, tivessem cordas mágicas puxando ao asfalto movimentos multitudinários. Os números econômicos e sociais recolhidos pelo Instituto Brasileiro de Geografia e Estatística (IBGE), afinal, pareciam servir de pilares para um moderado otimismo – jamais para a onda de protestos que acabaria por alvejar o terceiro governo petista, então encabeçado pela presidenta Dilma Rousseff.

Depois do salto espetacular de 2010, com crescimento de 7,5% do Produto Interno Bruto (PIB), essa taxa cairia para 2,7% (2011) e 0,9% (2012), mas escalaria a 2,3% em 2013. O desemprego recuou durante o quadriênio: 6,7% (2010), 6,0% (2011), 5,5% (2012) e 5,4% (2013). O rendimento médio da população ocupada, por sua vez, continuava evoluindo em termos reais: 3,8% (2010), 2,7% (2011), 4,1% (2012) e 1,8% (2013). A inflação prosseguia comedida: 5,91% (2010), 6,50% (2011), 5,84% (2012) e 5,91% (2013). O fenômeno estrutural mais preocupante era a contínua queda de participação da indústria de transformação sobre o volume total de produção:

15,0% (2010), 13,9% (2011), 11,8% (2012) e 11,5% (2013). Esse fator, a desindustrialização, transferia a geração de empregos para a construção civil, o comércio e os serviços, setores nos quais os salários são mais baixos e maior é a precarização dos contratos.

De toda forma, o Brasil vivia quase uma década de combinação entre expansão da economia e aplicação de políticas distributivas, com forte redução da pobreza absoluta, de 14% (2002) para 5,3% (2012), ou da pobreza em geral, de 34,4% (2002) para 15,9% (2012). O rendimento médio das famílias mais pobres, calculada em até um quarto de salário mínimo *per capita*, tinha crescido 84,8% acima da inflação entre 2004 e 2013 – no mesmo período, as receitas de todas as pessoas ocupadas no mercado de trabalho subiram 42,1%.

Não seria razoável atribuir os acontecimentos de 2013, portanto, à deterioração das condições materiais das classes trabalhadoras, ao menos se as circunscrevemos na tríade emprego, renda e custo de vida. Seria descabida qualquer comparação com outros ciclos de mobilização, como as grandes greves dos anos 1970 e 1980, que foram respostas diretas ao arrocho salarial em um ambiente de estagflação.

Por que, então, tantas dezenas de milhares foram às ruas, por dias seguidos, especialmente quando as mobilizações ganharam envergadura de massa, nos dias 17, 18, 19 e 20 de junho? Se quisermos compreender o que se passou, talvez o melhor caminho seja recompor o roteiro dos acontecimentos e resgatar o perfil social de quem participou deles.

A linha do tempo poderia ser dividida em dois períodos fundamentais. No primeiro, entre os dias 6 e 13 de junho, as manifestações praticamente estavam restritas a São Paulo, se concentravam sob a bandeira contra o aumento de vinte centavos na passagem do transporte público e respondiam à coordenação do Movimento Passe Livre (MPL). Reuniram entre 2 e 5 mil participantes, sempre enfrentando a escalada repressiva da Polícia Militar (PM), supostamente acionada para impedir bloqueios em vias de trânsito intenso. Ainda que não tenham sido feitas pesquisas sobre a composição das primeiras convocações (dias 6, 10, 11 e 13), é razoável supor que o comparecimento tenha se restringido a jovens militantes de esquerda, incluindo integrantes do Partido dos Trabalhadores (PT), apesar de o prefeito paulistano à época ser Fernando Haddad, filiado à legenda.

O caldo começou a entornar no dia 11, uma terça-feira. A PM paulista foi às ruas com uma postura mais agressiva, disposta a quebrar o ímpeto do movimento em ocupar seguidamente os espaços públicos. A violência policial foi desmedida. Grupos de choque formados por manifestantes, denominados *black blocs,* responderam com ações de autodefesa e depredação do patrimônio público. Os embates provocaram feridos e repercutiram nos principais veículos de comunicação. O MPL, no entanto, não se deu por vencido. Convocou nova jornada para o dia 13, apesar das ameaças do governador Geraldo Alckmin (Partido da Social Democracia Brasileira – PSDB) de endurecer ainda mais o comportamento da polícia, com aplausos pouco discretos do ministro da Justiça, José Eduardo Martins Cardozo.

No desfecho de uma marcha pacífica que partiu do centro da cidade, rumo à rua da Consolação, os ativistas presentes caíram em uma emboscada repressiva de extrema potência. As tropas da PM pareciam descontroladas, agindo com fúria por horas. Manifestantes, jornalistas e até quem incidentalmente estava pela região foram vítimas de abusos comprovados por centenas de imagens, que rapidamente estimularam comoção e solidariedade, em mensagens indignadas que inundaram as redes sociais de todo o país. Esse foi o momento no qual os protestos romperam a bolha da militância acessada pelo MPL, incorporaram contingentes muito mais numerosos e se nacionalizaram, dando início à segunda etapa de mobilizações, de 17 a 20 de junho, que chegariam a convocar mais de 2 milhões em cerca de quatrocentos municípios, até que as administrações estaduais e municipais anulassem a majoração dos bilhetes de ônibus, trem e metrô.

Distintas frações das camadas médias – especialmente jovens, mas também adultos mais velhos – se somaram às convocações, com uma abrangência que não era vista desde a campanha das Diretas Já, quase trinta anos antes. Segundo pesquisas do Instituto Datafolha, 53% dos participantes da manifestação do dia 17, em São Paulo, tinham entre 12 e 25 anos de idade, caindo para 51% no dia 20; 35%, no dia 17, e 31%, no dia 20, tinham entre 26 e 35 anos; 12%, no dia 17, e 19%, no dia 20, tinham 36 anos ou mais. Nas demais cidades pesquisadas por outras empresas, o perfil etário era semelhante. A juventude se colocava em movimento às centenas de milhares, em mais de trezentos municípios.

Dos entrevistados nas convocações paulistanas, sempre nos dias 17 e 20, respectivamente, 77% e 78% estavam cursando ou tinham formação superior completa, 22% e 20% haviam concluído o ensino médio, 1% e 2% possuíam exclusivamente o nível fundamental. No Rio de Janeiro, em Belo Horizonte e em outras capitais, foram empregadas classificações diversas, por outras empresas de pesquisa. De todo modo, em levantamentos realizados durante as concentrações do dia 20, 52% dos cariocas consultados pela Plus Marketing tinham ensino médio completo ou superior inconcluso, enquanto 34% já estavam diplomados por faculdades, com 14% apresentando apenas educação fundamental. Entre os belo-horizontinos inquiridos pelo Instituto Innovare, 31% tinham concluído o ensino médio, 66% cursavam faculdades ou estavam diplomados, 4% dispunham somente do primeiro grau. Nas outras oito capitais pesquisadas pelo Instituto Brasileiro de Opinião Pública e Estatística (Ibope), 49% tinham terminado o ensino médio ou estavam matriculados em instituições universitárias, enquanto 43% haviam se graduado na fase superior e 8% não registravam formação secundária.

Esses números, compilados por André Singer[1], facilitam conclusões sobre quais teriam sido os afluentes principais dos protestos. Segundo o Ministério da Educação (MEC), em 2011, somente 15% dos brasileiros com idade entre 18 e 24 anos estavam matriculados no ensino superior. O contraste com a alta escolaridade dos participantes é um forte indicador de que predominaram, naquelas jornadas, o que se convenciona chamar de classes médias, mas metamorfoseadas durante a primeira década de governos petistas. Não

---

[1] André Singer, "Brasil, junho de 2013: classes e ideologias cruzadas", *Novos Estudos*, n. 97, nov. 2013.

se trata estritamente de suas fatias com maior renda, mas também de novos segmentos que tiveram ascensão educacional a partir de 2003: a ampliação de vagas nas universidades públicas, o Programa Universidade Para Todos (Prouni) e o Fundo de Financiamento Estudantil (Fies) elevaram o número de inscritos no ensino superior, nesse período, de 1,1 para 2,5 milhões, aproximadamente, de acordo com dados do MEC.

Pesquisas complementares, também consolidadas por Singer, relatam a renda familiar mensal dos manifestantes no Rio de Janeiro, em Belo Horizonte e em outras oito capitais, mas não em São Paulo. Na capital fluminense, 34% recebiam até um salário mínimo; 54%, de 2 a 5; 1%, de 6 a 10; 10%, mais que 10. Já em Belo Horizonte, esses percentuais eram de 20% para até 2 salários mínimos, 36% para de 2 a 5 salários mínimos, 24% para de 5 a 10 salários mínimos e 20% para acima de 10 salários mínimos. Nas demais oito cidades examinadas, o resultado, respectivamente, foi de 15%, 30%, 26% e 23%.

Mesmo que se possa detectar uma presença mais elitista nas manifestações de São Paulo e mais popular em Belo Horizonte ou no Rio de Janeiro, por exemplo, há razoáveis evidências para a compreensão da explosão social em junho de 2013 predominantemente como uma formidável e heterogênea mobilização dos setores médios. Nessa categoria, porém, devemos incluir tanto os filhos e filhas da classe média tradicional, cuja renda se situa acima de cinco ou dez salários mínimos, com escolaridade superior completa ou incompleta, quanto frações das classes trabalhadoras que foram beneficiadas pela primeira década petista e ascenderam, em renda e escolaridade, ao padrão estatístico inferior das camadas intermediárias da sociedade.

Quando esses segmentos foram às ruas, de maneira inicialmente bastante espontânea, como ocorreria especialmente no dia 17, começou a se formar um ambiente inédito na história do país, com distintas correntes político-ideológicas confluindo para disputar narrativas no interior dos mesmos locais de ação. Rompia-se a tradição analógica de manifestações convocadas por partidos e organizações, com identidade específica e controle de espaços próprios. À esquerda e à direita, as direções políticas saíram correndo para alcançar e eventualmente comandar bases sociais que já estavam em movimento, pelas mais diferentes e contraditórias aspirações.

O ponto de partida fora inegavelmente progressista, com a reivindicação de transporte mais barato e de melhor qualidade, à qual se acrescentavam consignas favoráveis a melhores sistemas de saúde e educação, além de rechaço à remoção de núcleos populacionais atingidos pelas obras da Copa do Mundo e dos Jogos Olímpicos. Esse cenário foi prejudicado, no entanto, com a perplexidade que tomou conta do petismo nos primeiros momentos. Também foi tóxica a aparente cumplicidade do prefeito paulistano com o governador tucano que ordenara a repressão policial, ambos intransigentes em manter o aumento das passagens.

Mas a erosão de autoridade da esquerda provavelmente não decorreu somente de equívocos momentâneos. Demasiadamente institucionalizados e eleitorais, o PT e seus aliados não captaram com rapidez o terremoto que sacudia o chão da sociedade. Muito menos dispunham de ferramentas com alcance e credibilidade para intervir à queima-roupa, buscando operar aquelas gigantescas mobilizações em favor de avanços programáticos potencialmente inibidos por uma institucionalidade conservadora. O presidente do PT à época, Rui Falcão, orientou os petistas a que estivessem presentes nas manifestações para evitar um distanciamento maior em relação aos fatos e às forças que emergiam do asfalto. Essa posição, contudo, era claramente limitada, embora talvez fosse o ponto máximo ao qual se poderia chegar.

A bem da verdade, partiu da presidenta Dilma Rousseff a melhor iniciativa que viria pela esquerda, se o objetivo realmente fosse se apoiar no movimento social para alterar a correlação institucional de forças. Entre os dias 21 e 24 de junho, com o movimento em descenso, ela anunciou ao país um pacto de cinco pontos. Acenava, assim, com responsabilidade fiscal e controle da inflação aparentemente para tentar frear a ofensiva das correntes liberais e conservadoras, mas prometia pesados investimentos em saúde, educação e transporte, além de um plebiscito popular "para formação de uma constituinte sobre reforma política". Esse último ingrediente, que poderia significar a superação estrutural do impasse entre um governo de esquerda e um parlamento de direita, com a fundação de um novo sistema político-eleitoral, foi enterrado por partidos associados à coalizão governista, com destaque à sabotagem do Partido do Movimento Democrático Brasileiro (PMDB) do vice Michel Temer. Tampouco os companheiros de partido se entusiasmaram com a proposta da mandatária. O esforço dominante, àquela altura, incluindo o do PT, não era o de apostar nas ruas para conquistar o que as instituições barravam, mas aquietar a voz enfurecida das multidões e voltar à normalidade pré-junho.

Fora do campo petista, não faltavam grupos que olhavam para os acontecimentos em curso como uma possibilidade de redesenhar a esquerda brasileira, abater o governo e abrir algum tipo de processo revolucionário que colocasse abaixo a VI República, fundada pela Constituição de 1988. Essas correntes tiveram algum peso, aproveitando-se da vulnerabilidade petista e buscando conforto na radicalização discursiva, mas logo se impôs a realidade: a atuação de um poderoso bloco reacionário que combinava expoentes da direita liberal, monopólios de comunicação e falanges neofascistas embrionárias.

Esse conglomerado, até o dia 17, repudiava os protestos em São Paulo, enaltecendo a violência da PM paulista ou considerando-a uma resposta aos *black blocs*. Ele adotaria outro rumo ao perceber que a base social de direita, formada pelos estratos médios superiores, estava se movendo para a rua, de maneira inquieta e desorientada, com retóricas diferenciadas, porém enraivecida pela percepção de que suas condições materiais e imateriais de existência estavam se deteriorando. O discernimento desse fluxo, diante de uma esquerda dividida e atordoada, empurraria a frente única de direita para uma política que simultaneamente buscava animar os protestos e substituir suas reivindicações originais por palavras de ordem contra o governo federal, articuladas ao redor de uma plataforma anticorrupção, cevada desde a "crise do mensalão" que eclodira em 2005. O tempero dessa narrativa era um difuso apelo antissistema, de repulsa aos partidos e à política tradicional.

O alinhamento dos mais importantes aparatos ideológicos da burguesia com essa perspectiva de disputa das ruas, contando com a inserção vigorosa de elites da classe média no campo de batalha, constituiu um polo de atração que fez sucumbir ou neutralizou os estamentos beneficiados pela década petista que também estavam nas ruas. Esses setores não tinham a seu lado, durante aqueles acontecimentos, uma estrutura dirigente e sólida servindo de contraponto à ofensiva reacionária. Tampouco haviam sido incorporados, ao longo dos anos, a uma nítida identidade político-ideológica que estivesse acoplada à melhoria de sua situação econômico-social. Entre as características fundamentais dos governos petistas, afinal, para contornar o controle oligárquico-burguês sobre o Estado e supostamente reduzir resistências a mudanças graduais, buscou-se o rebaixamento da intensidade da luta de classes e a substituição de seu repertório convencional por formas de adesão fundadas principalmente sobre a gratidão individual e passiva às conquistas derivadas da ação administrativa.

O movimento de junho tornou-se, assim, um aríete que derrubaria a popularidade do governo, mas sem fôlego para ir além de um desgaste profundo, ainda que momentâneo. Com a economia saudável, apesar dos problemas, a rebelião das classes médias não tinha lastro material para se disseminar por toda a sociedade, eventualmente permitindo às forças conservadoras colocarem o assalto ao poder como objetivo, o que ocorreria três anos depois. Funcionaria como ensaio geral de fenômenos que amadureceriam mais tarde, em 2016, durante o golpe parlamentar contra a presidenta constitucional. Às portas das eleições presidenciais de 2014, os centros de decisão das classes proprietárias escolheram refrear a escalada e preparar a via das urnas para derrotar o PT, impedindo a recondução de Dilma Rousseff. Como se sabe, isso não deu certo. Por ora, o petismo seria capaz de se recuperar, vencer no voto e continuar governando.

Junho de 2013, porém, apontava um legado negativo que se estenderia no tempo: o deslocamento majoritário dos setores médios para a oposição e o antipetismo. De certo modo, sempre predominaram as explicações superestruturais sobre esse tema. A cultura escravocrata, o jornalismo de guerra, a perseguição judicial e a misoginia são esgrimidos como argumentos mais constantes. As razões, portanto, seriam basicamente externas às opções petistas. Quando muito, o erro cometido seria de comunicação, falhando em construir narrativas que pudessem cativar essas camadas sociais, particularmente as frações contempladas por políticas dos governos Lula e Dilma.

Mas o fato é que, na lógica do "reformismo fraco" ao qual se refere André Singer[2], é possível compreender como a estratégia econômico-social levou ao afastamento desigual e combinado dos grupos cuja renda familiar se situava entre dois e dez salários mínimos.

Nos anos 1980 e 1990, a tradição programática do PT era vertebrada por reformas estruturais que desmontariam a concentração de renda e riqueza no topo da pirâmide de classes, no qual estavam os conglomerados e as maiores fortunas. Medidas progressivas de tributação, controle dos fluxos financeiros e distribuição da propriedade seriam acionados para aumentar as receitas do Estado, onerando os mais ricos e beneficiando os mais pobres. O arco de alianças desse projeto tinha como núcleo a classe trabalhadora organizada, os pobres da cidade e do campo, as camadas médias assalariadas e a pequena burguesia proprietária. Essa base social seria beneficiada com serviços públicos universais, aumento da quantidade de empregos e da renda, ampliação da seguridade social, expansão do crédito, redução do ônus fiscal, democratização da terra. A conta seria paga principalmente pelos grandes grupos empresariais e seus donos, em especial do ramo financeiro, com a substituição parcial do capital privado por empresas estatais, companhias públicas e cooperativas.

A viga mestra dos governos petistas, no entanto, teve outra natureza. As reformas estruturais foram substituídas por um potente remanejamento dos fundos públicos, mas sem alterações tributárias relevantes, mantendo praticamente intocáveis os monopólios, a propriedade da terra e o sistema financeiro. A reorientação orçamentária sustentou políticas distributivas que

---

[2] André Singer, *Os sentidos do lulismo* (São Paulo, Companhia das Letras, 2012).

beneficiaram milhões de famílias com renda abaixo de dois salários mínimos, democratizando o consumo e o crédito nesses estratos, integrando-os ao mercado interno. Também permitiu a expansão de serviços públicos para esses setores – por exemplo, aumentando vagas no ensino superior. Mas tais benefícios apenas marginalmente chegaram aos segmentos de renda média, embora fossem mais perceptíveis nos momentos de crescimento econômico robusto. Na prática, os grandes proprietários de capital ficaram incólumes, não houve desconcentração de riqueza e a distribuição de renda ocorreu entre os assalariados, sob múltiplas formas, com o meio da pirâmide transferindo recursos, direta e indiretamente, para a base.

As camadas médias continuaram a arcar com uma pesada carga tributária, ao mesmo tempo que eram acossadas por aumentos de preços acima da inflação e da correção dos salários. No período 2010-2013, o Índice Nacional de Preços ao Consumidor Amplo (IPCA) subiu 26,44%, no cálculo acumulado pelo quadriênio, mas o aluguel residencial encareceu 45,54%, os custos com empregados domésticos elevaram-se em 56,18%, a educação pulou 33,51%, a alimentação fora de casa foi majorada em 46,22% e as despesas pessoais encareceram 39,25%. Dos itens mais típicos das classes médias, apenas saúde seguiu alinhada com a inflação, alçando 26,56% no intervalo pesquisado. Se levarmos em conta que esses números dizem respeito a todas as camadas sociais, provavelmente o cenário seria ainda pior se o foco se restringisse a quem ganhava mais de dois salários mínimos.

Com os muito pobres desconhecendo os impostos recolhidos sobre consumo e os muito ricos sendo privilegiados por salvaguardas e isenções, os setores médios tiveram reforçada a sensação de que pagavam demasiado ao Estado sem terem nada em troca, para que brasileiros de menor renda pudessem melhorar de vida e os donos do dinheiro grosso acumulassem riquezas cada vez maiores. Essa assimetria tributária, de quebra, ajudava a tornar convincente o discurso anticorrupção, fartamente empregado pela direita e a mídia hegemônica.

As dificuldades materiais se transportavam também para a subjetividade. Tornou-se bastante visível o pânico social com a ascensão dos mais pobres, particularmente de negros, a espaços outrora privativos, como universidades e aeroportos. Ou a angústia de ter que viver sem a possibilidade de contratar trabalhadoras domésticas, o pilar existencial das camadas médias. Seria uma análise capenga, não obstante, desvincular as distorções de personalidade das camadas médias dos ancoradouros econômico-sociais sobre os quais existiam e seguem existindo.

A reconquista desses setores passaria por um audacioso programa de universalização da escola e da saúde públicas de alta qualidade, para que despesas com esses itens pudessem ser eliminadas, ao mesmo tempo que uma reforma tributária aumentasse pesadamente a contribuição dos ricos, aliviando a cobrança sobre os remediados e o consumo. Uma política com esse escopo teria dependido, todavia, de um enfrentamento aos milionários que não estava no horizonte dos governos petistas.

O mal-estar das camadas médias, nos idos de 2013, encontrava-se escondido nos desvãos dos números macroeconômicos. Qualquer elemento de tensão poderia ter servido de gatilho para a onda de protestos. Calhou de ser o preço do transporte porque afetava um contingente expressivo de pessoas, especialmente mais jovens e disponíveis, assustados diante de como nem sequer cursar o ensino superior servia de garantia para escapar de empregos precários e com baixa remuneração, em uma economia aceleradamente dominada pelo setor de comércio e serviços.

Uma vanguarda se pôs em marcha contra os vinte centavos. A desmedida repressão policial exerceu efeito condensador e mobilizou amplas massas. Esquerda e direita estavam no mesmo local de combate, dominando etapas diferentes dos acontecimentos, até que o movimento se esvaiu. Mas essa história não é principalmente sobre manobras e contramanobras. Diz respeito aos gravíssimos riscos corridos pela esquerda quando a classe trabalhadora e seus instrumentos políticos, em um país capitalista medianamente desenvolvido como o Brasil, fracassam em construir um bloco histórico com as camadas médias ou permitem o seu rompimento.

O dia no qual o Brasil parou por dez anos
Vladimir Safatle

> *Seria muito cômodo fazer a história universal*
> *Se nos engajássemos na luta apenas*
> *à condição de nos sabermos vitoriosos.*
> Marx, em carta a Kugelmann

Talvez fosse o caso de começar afirmando que 2013 foi o último ano da história da esquerda brasileira e de suas estruturas hegemônicas. Essa revolta popular ressoa ainda como uma espécie de acontecimento não integrado, com uma rede de potencialidades que continua a nos assombrar de forma espectral. O que ocorreu depois de 2013 foi uma lenta e contínua degradação marcada pela atrofia da capacidade de ação e da imaginação política da esquerda brasileira em seus múltiplos partidos, em seus sindicatos e em seus movimentos sociais. Depois de 2013, a esquerda brasileira tornou-se basicamente uma força reativa que responde desesperadamente à capacidade de constituir agenda política e pautar mobilização popular da extrema direita. Que a esquerda encabece frentes eleitorais amplíssimas, como ocorreu na eleição de 2022, não significa que ela encontrou novamente protagonismo. Isso apenas significa que ela se tornou gestora do pânico social, pânico do retorno de uma extrema direita robusta. Nosso afeto central é o medo. Nesse contexto, no máximo ela se torna gestora de conquistas simbólicas que, como tudo de natureza simbólica, tem sua importância e sua força, mas limitadas, pois são destinadas a nos fazer "ganhar tempo" diante da evidente ausência de uma força ofensiva contra o capital. De fato, após 2013 a extrema direita brasileira foi capaz de se colocar como a única força política insurrecional entre nós. Por isso, ela continua consolidada e forte.

Mas seria o caso de inicialmente explorar a natureza de 2013 como acontecimento, já que a esquerda se divide de forma bastante clara a esse respeito. O ano de 2013 é um divisor de águas do que restou da esquerda brasileira. Há quem enxergue nessa sequência de manifestações populares apenas um setor avançado da dita "guerra híbrida". Não seria por outra razão que, a partir de 2013, veríamos a consolidação fulminante da extrema direita como força política principal do país. Nesse sentido, 2013 não estaria distante de eventos com o Maidan, ocorrido na Ucrânia mais ou menos no mesmo período. A ideia de base nessa narrativa é que se tratava de desestabilizar um governo de esquerda popular, e, para tanto, emergiram "movimentos de massa" marcados por pautas antipartidos, luta contra a corrupção, nacionalismo paranoico e luta contra o "comunismo" – todas as bandeiras que iriam pavimentar a ascensão da extrema direita brasileira.

Contra esses autores, seria o caso de insistir que 2013, como acontecimento, porta uma questão que toda teoria da ação revolucionária deveria ser capaz de pensar – a saber, como uma revolta popular se degrada em um movimento de restauração conservadora? Como forças transformadoras são transmutadas em processos de regressão social? A questão – e essa é sua ironia – nem sequer é nova. Ela está no fundamento da teoria revolucionária marxista, haja vista o sentido de um texto como o *18 de brumário de Luís Bonaparte*, todo ele construído a partir de uma questão: o que aconteceu para que uma verdadeira revolução social proletária em solo europeu terminasse em restauração do império e em governo cínico-autoritário? Toda teoria da ação revolucionária é, ao mesmo tempo, uma teoria das contradições imanentes da vida social, de seu potencial de transformação revolucionária, e uma teoria dos processos de reação e das inversões entre revolução e reação, uma teoria das contrarrevoluções. Deveríamos ter isso em mente ao analisarmos 2013.

Um século de insurreições populares

Bem, antes da discussão propriamente dita sobre 2013, gostaria de apresentar uma hipótese de natureza estrutural a respeito de um largo movimento histórico que começa com a Primavera Árabe e do qual, a meu ver, 2013 participa. Insistir nesse ponto é uma forma de colocar em relevo a centralidade da noção de "insurreição" como operadora de acontecimentos políticos, em especial em países que outrora foram chamados de "Terceiro Mundo". Conhecemos analistas que, depois do colapso da organização da classe operária em partidos de massa de aspiração revolucionária, afirmarão o inelutável "fim da política"[1]. No entanto, tal colapso, por mais que coloque questões reais de organização e força de mudança, não representou o fim de processos insurrecionais. Na verdade, poderíamos mesmo arriscar uma proposição de filosofia da história e afirmar que o século XXI nasceu a partir de uma sequência insurrecional mundial que articulou Sul e Norte em uma ressonância de descontentamentos sociais ligados ao impacto do aumento da pauperização e das dinâmicas de concentração provocadas pelo neoliberalismo. Essa sequência, embrião possível de novas formas sociais, precisa ser nomeada enquanto tal para que tenhamos uma intelecção mais precisa a respeito de nosso momento histórico e de suas potencialidades reais.

Ou seja, é possível defender a tese de a característica política mais relevante do século XXI ser uma impressionante sequência de insurreições populares de luta contra o capital e de recuperação paulatina da soberania das massas espoliadas. Esse processo traz em seu bojo uma articulação entre reconfiguração micropolítica e desidentificação com macroestruturas. Fala-se aqui de "desidentificação" para salientar a maneira com que populações se voltam contra instituições e estruturas estatais, compreendidas como esvaziadas de sua capacidade real de representação política. Tais populações não se manifestam apenas como portadoras de demandas a serem realizadas por instâncias reconhecidas de poder, mas como força destituinte[2]. Isso explica por que muitas dessas insurreições começam com demandas pontuais ligadas

---

[1] Ver Antonio Negri, Étienne Balibar e Mario Tronti, *Le démon de la politique* (Paris, Amsterdam, 2021).

[2] Ver Giorgio Agamben, *A comunidade que vem* (Belo Horizonte, Autêntica, 2016). O uso desse conceito para o caso chileno foi feito, entre outros, por Rodrigo Karmy, *El porvenir se hereda: fragmentos de un Chile sublevado* (Santiago, Sangría, 2019).

a custo de vida, a preços de combustíveis, a aumento nos custos de transporte, para posteriormente passarem a expressões gerais de desidentificação social.

No entanto, é importante para os que procuram preservar o sistema de paralisia próprio à nossa situação atual que essa dinâmica mundial não seja identificada, que as insurreições apareçam como revoltas esparsas e sem continuidade, que a recusa à representação política que elas muitas vezes veiculam sejam compreendidas como regressões antipolíticas cujo horizonte natural de incorporação seriam os "populismos": termo cuja vagueza analítica esconde sua real estratégia política. Estratégia essa que consiste em nos fazer crer que toda e qualquer vontade de sair dos limites da democracia liberal só pode ser expressão de regressões políticas potencialmente autoritárias e afetivamente irracionais.

Esse apagamento da sequência insurrecional do século XXI é parte de uma estratégia mais ampla de limitação da imaginação política das massas. Seu primeiro passo foi a desqualificação generalizada da noção de revolução, processo que ganhou força como consequência do fim das sociedades burocráticas do Leste Europeu. O esforço monumental, feito nos últimos trinta anos, de apagar o conceito de "revolução" do centro da reflexão política expressava a crença de que as democracias liberais teriam condições de gerenciar os conflitos sociais que aparecessem em seu interior. A escolha das palavras não está aqui por acaso. Tratava-se efetivamente de "gerenciamento" e de compreender as lutas de classe como meros "conflitos sociais". Nesse contexto, "gerenciamento" significa impedir que o descontentamento social se encarne em desejo por transformações estruturais. Como um "gerente", trata-se de encontrar a alocação correta de recursos para a otimização dos engajamentos. Mas, como o horizonte de ajustes graduais prometidos pelo Estado de bem-estar social não mais está em operação, como os últimos vinte anos foram marcados por crises de decomposição dos sistemas de direitos trabalhistas e de aumento exponencial dos processos de concentração, como as macroestruturas de proteção social foram decompostas[3] sem que mesmo

---

[3] Wolfgang Streeck, *How will capitalism end? Essays on a failing system* (Londres, Verso, 2016).

as consequências catastróficas de uma pandemia mundial tenham tido a capacidade de recompô-las, trata-se então de gerenciar o descontentamento por meio da generalização das situações de guerra, com a elevação do medo à condição de afeto político central[4].

A guerra, como forma primeira da acumulação capitalista e sistema de mobilização de afetos, torna-se assim o horizonte principal de organização social e de funcionamento gerencial de nossa estrutura normativa[5]. Ela vira a única forma de garantir alguma coesão social em um mundo que expulsou de seu horizonte de reprodução material toda forma de coesão real. Assim, é singular que a tópica da revolução desapareça do debate e da ação política no exato momento em que as democracias liberais aumentam o uso do aparato policial contra populações, brutalizam refugiados, reorganizam os direitos civis e fortaleçam dispositivos de controle e disciplina a partir da generalização das situações de guerra. Isso quando essas mesmas democracias liberais não são assombradas por outra revolução – no caso, uma revolução conservadora capitaneada pela força de mobilização da extrema direita. Essas forças se servem naturalmente da tópica da guerra permanente (contra imigrantes, contra "comunistas", contra os que ameaçam a família etc.) como fator de mobilização e governo.

No entanto, a análise de processos políticos concretos nos últimos dez anos mostra que o eixo político central do século XXI não pode ser compreendido apenas a partir da mobilização do medo e de sua dinâmica de guerra, generalizada principalmente a partir de 11 de setembro de 2001, com o atentado ao World Trade Center. É certo que, a partir de então, o século parecia se inscrever sob o signo da "ameaça terrorista" que nunca passa, que se torna uma forma normal de governo. Essa era a forma de colocar nosso século sob o signo paranoico da fronteira ameaçada, da identidade

---

[4] Sobre o medo como afeto político central, ver Vladimir Safatle, *O circuito dos afetos* (Belo Horizonte, Autêntica, 2016).

[5] Ver Giorgio Agamben, *Estado de exceção* (São Paulo, Boitempo, 2004); Eric Alliez e Maurizio Lazzarato, *Guerras e capital* (São Paulo, Ubu, 2021).

invadida, do corpo a ser imunizado, do choque civilizacional. Como se nossa demanda política fundamental fosse, em uma retração de horizontes, segurança e proteção policial.

No entanto, há de se perceber a emergência de outro eixo de acontecimentos e ações. Para tanto, deve-se insistir que o século XXI começou em uma pequena cidade da Tunísia chamada Sidi Bouzid no dia 17 de dezembro de 2010. Ou seja, começou longe dos holofotes, longe dos centros do capitalismo global. Ele se iniciou na periferia. Nesse dia, um vendedor ambulante, Mohamed Bouazizi, decidiu reclamar com o governador regional e exigir a devolução de seu carrinho de venda de frutas, que fora confiscado pela polícia. Vítima constante de extorsões policiais, Bouazizi foi à sede do governo com uma cópia da lei em punho. Ele foi recebido por uma policial que rasgou a cópia na sua frente e lhe deu um tapa na cara. Bouazizi, então, tacou fogo no próprio corpo. Depois disso, a Tunísia entrou em convulsão e o governo de Ben Ali caiu, levando a insurreições em quase todos os países árabes. Começava assim o século XXI: com um corpo imolado por não aceitar submeter-se ao poder. Começava assim a Primavera Árabe, com um ato que dizia: melhor a morte que a sujeição, com uma conjunção toda particular entre uma "ação restrita" (reclamar por ter seu carrinho de venda de frutas apreendido) e uma "reação agonística" (imolar-se) que reverberaria por todos os poros do tecido social.

Desde então, o mundo veria uma sequência de insurreições durante dez anos. Occupy, Plaza del Sol, Istambul, Brasil, França (*gilets jaunes*), Tel-Aviv, Santiago: esses são apenas alguns dos lugares nos quais esse processo se instalou. E na Tunísia já se via o que o mundo conheceria nos próximos dez anos: sublevações múltiplas, que ocorrem ao mesmo tempo, que recusam centralismo e que articulavam, na mesma série, revoltas micropolíticas e desidentificação macropolítica, reconfiguração das potencialidades dos corpos e recusa da representação política. A maioria dessas insurreições irá se debater com as dificuldades de movimentos que levantam contra si mesmos as reações mais brutais, que se deparam com a organização dos setores mais arcaicos da sociedade na tentativa de preservar o poder tal como sempre foi. Principalmente, durante uma década, a desidentificação macroestrutural não foi capaz de se encarnar em um processo de conquista dos espaços macropolíticos. Isso fez com que muitos vissem nela dinâmicas destinadas à dispersão e ao fracasso[6].

Por outro lado, vimos a proliferação de discursos que acreditaram que a transformação das estruturas do desejo e da sexualidade, que as novas circulações micropolíticas dos corpos seriam suficientes para transformações de estrutura. Daí o abandono teórico de uma dimensão da ação política marcada pela conquista do Estado e pela procura em modificar estruturalmente as formas de produção de valor e em decompor a sociedade do trabalho. Creio que esse é o contexto correto de avaliação de 2013, de seus desdobramentos e legados.

Sobre a interpretação de 2013

Primeiro, há de se lembrar que a tese, da esquerda oficial, de 2013 como ação de consolidação da extrema direita nacional só pode se sustentar ignorando uma série de fatos concretos significativos. Primeiro, depois de um número baixo de greves no período 2003-2008, um processo crescente se iniciou entre 2010 (445 greves no ano) e 2012 (877 no ano). Ele explodiu em 2013, que conheceria o maior número de greves desde o fim da ditadura (quando se iniciou a série histórica), ou seja, 2.050 greves, com 1.106 apenas no setor privado. Tais greves começaram já no início do ano, com movimentos de grevistas autônomos em relação a seus sindicatos e centrais, como ocorreu nas greves de garis e bombeiros dos primeiros meses de 2013. Tal fenômeno era sintomático: trabalhadores que não reconheciam mais suas "representações" e que procuravam deixar claras sua insatisfação e sua precariedade. Isso demonstra como as narrativas que procuram vincular 2013 a uma sedição das classes médias não se sustenta. Classe média não faz nem lidera greve. Essas foram greves de setores espoliados e que entenderam que o projeto de ascensão social do lulismo havia se esgotado.

---

[6] Como é possível ver em Alain Badiou, *Le réveil de l'histoire* (Paris, Seuil, 2011).

É nesse contexto que vieram as manifestações de maio de 2013, iniciando-se em Porto Alegre, coordenadas por movimentos autonomistas contrários ao aumento nas tarifas de transporte público. Manifestações contra as condições abusivas dos transportes públicos são uma constante na história brasileira, assim como é constante a reação violenta do braço armado do poder. No entanto, naquele momento estava em marcha um descolamento da enunciação do descontentamento em relação a seus representantes tradicionais, todos eles comprometidos com o consórcio governista e com a gestão de sua paralisia. Daí o movimento de greves espontâneas e a vocalização, feita por setores autonomistas, da permanência da pauperização da classe trabalhadora brasileira. Como mostrou Ruy Braga, a remuneração de 93% dos novos empregos criados entre 2003 e 2013 chegava apenas a até um salário mínimo e meio. Em 2014, 97,5% dos empregos criados estavam nessa faixa. Ou seja, o horizonte social estava marcado pela consciência da preservação daquilo que um dia Marx chamou de "pobreza relativa". Isso quer dizer que sair da pobreza absoluta, da miséria, não implica eliminação do sofrimento social se estamos em um país em franco processo de crescimento. Pois esse processo de crescimento produz novos sistemas de necessidades e de desejos, fazendo com que sujeitos se sintam cada vez mais distantes do padrão social de realização material.

Notemos ainda que, a partir de junho, o país seria atravessado por uma sequência inédita de manifestações ininterruptas com pautas múltiplas (de junho a novembro não houve um dia sequer em que alguma manifestação não tenha ocorrido no país). Foram manifestações por mais serviços públicos, pelo fim da violência policial, pela gratuidade do transporte público, pela recusa da representação, contra a Proposta de Emenda Constitucional (PEC) 37 e as políticas discriminatórias, contra o uso de animais em pesquisas e cosméticos, contra o péssimo atendimento hospitalar. Nunca o Brasil vira de forma tão forte a retomada da enunciação de seus problemas pela população auto-organizada. Há de se lembrar que o governo chegou a esboçar uma reação ao anunciar, em cadeia nacional, um projeto de revisão constitucional. Tal projeto foi desmentido pela própria enunciadora, a então presidenta Dilma Rousseff, em menos de 24 horas. Sua reunião presidencial com representantes dos movimentos autonomistas foi uma das mais espetaculares ações inócuas de que se tem notícia. Tudo isso mostrava claramente a inoperância, a incapacidade da esquerda governista em responder à dinâmica de politização insurrecional da sociedade. Na verdade, tampouco outros setores da esquerda brasileira se mostraram capazes de produzir tal resposta. Eles desvelaram, na verdade, uma tendência gravitacional irresistível a paulatinamente retornarem ao horizonte de atuação e às limitações funcionais dos modelos de coalizão próprios ao exercício do poder pelo Partido dos Trabalhadores (PT).

Mas é fato que a ampliação das manifestações, a partir de 17 de junho, demonstrou a existência de grupos ligados a discursos nacionalistas e a uma pauta anticorrupção focada, basicamente, no consórcio governista. Começaram lutas internas e brigas nas próprias manifestações entre grupos de esquerda e direita. Era o início de um processo de embate político nas ruas que posteriormente exporia as clivagens ideológicas do país. Como percebido àquela ocasião, essas clivagens nunca mais se apagariam. Antes, elas se aprofundariam em um processo sem retorno. Seria necessário estar preparado para elas. Isso significava claramente entender que a política mundial foi para os extremos, e só mesmo uma postura suicida procuraria, no momento em que a direta se deslocasse com força para um extremo, continuar com uma política de "conquista do centro". Só um deslocamento real da esquerda ao extremo poderia fazê-la retomar protagonismo, seja no Brasil, seja no mundo.

Àqueles que se perguntam como a extrema direita conseguiu ser setor fortalecido de 2013, seria o caso de evocar ao menos dois fatores. Primeiro, lembremos de um fato histórico negligenciado por nossa formação intelectual: nos anos 1930, o Brasil foi o país com o maior partido fascista fora da Europa. É preciso recordar que a Aliança Integralista Brasileira (AIB) tinha, à época, em torno de 1,2 milhão de aderentes. Mesmo depois do suicídio de Vargas e do fim da Segunda Guerra Mundial, seu candidato à presidência, Plínio Salgado, teria 8,28% dos votos válidos para a eleição presidencial de

1955. A participação do integralismo na ditadura cívico-militar seria orgânica. Mesmo assim, a Nova República criou a ilusão de que seu sistema de pactos e conciliações seria suficientemente forte para eliminar por completo as dinâmicas do fascismo nacional – termo esse que durante muito tempo fora visto muito mais como palavra de ordem de mobilização de centro acadêmico do que como conceito com força analítica vinculada à história nacional concreta. Mas a verdade é que o fim da Nova República recolocaria no horizonte as forças de ruptura de uma revolução conservadora sempre presente no horizonte nacional[7].

O basteamento conservador de processos de revoltas populares já havia ocorrido anos antes na Primavera Árabe. Foi o caso da Tunísia, com o Ennahda, e do Egito, com a Irmandade Muçulmana – grupos islâmicos com forte penetração popular por conta da prática de políticas de assistência. Nesses casos, houve um basteamento conservador do movimento que levou tais grupos ao poder por um tempo. Ou seja, a estrutura dos movimentos religiosos se beneficiou do fato de eles serem dos poucos grupos efetivamente organizados a fornecer amparo e assistência a populações pauperizadas. Longe de ser alguma expressão de "obscurantismo", "superstição", "ignorância", tratava-se de uma ação completamente racional. Em um contexto de transformação social estrutural, populações tendem a levar em conta a posição daqueles grupos e instituições que estiveram ao lado delas antes. Isso deveria ser levado em conta no momento de entendermos a fulgurante ascensão das igrejas evangélicas como fator de consolidação da extrema direita nacional.

O colapso da esquerda nacional

Já o segundo fator capaz de explicar a ascensão da extrema direita está na própria esquerda. Um elemento decisivo para esse basteamento conserva-

---

[7] Para esse problema, remete-se a Vladimir Safatle, "Violências e libido: fascismo, crise psíquica e contrarrevolução molecular", *Revista Estilhaço*, n. 1, jan. 2023; disponível em: <https://www.xn--estilhao-y0a.com.br/violenciaselibido>; acesso em: 8 maio 2023.

dor de 2013 foi o colapso da esquerda nacional. Era difícil à esquerda no poder entender como o povo podia estar naquele momento nas ruas contra o governo do próprio povo. A única resposta possível era: não se tratava do povo real. Contrariamente a outros processos de insurreição popular que ocorreram depois, como o Estallido Social chileno de 2019, os movimentos populares na Colômbia em 2021, os *gilets jaunes* franceses, a primeira reação de setores majoritários da esquerda brasileira em relação a esses movimentos foi a desqualificação ou o espanto ("não estamos entendendo nada e será necessário muito tempo para compreender").

Isso mostra, primeiro, um imenso desejo de dirigismo da esquerda brasileira, sua incapacidade de tentar criar hegemonia dentro de processos populares na rua, de ultrapassar o momento e impor uma pauta ainda mais avançada e ousada de questões. Criação de hegemonia, em situações insurrecionais, é indissociável de uma postura de "protagonizar a aceleração". Essa é uma lição clássica dos processos insurrecionais. A base da estratégia de hegemonia consiste em ser o protagonista da aceleração, da radicalização das demandas.

No entanto, como dizia Carlos Marighella desde nos anos 1960, a esquerda brasileira tem uma tendência orgânica a se colocar em posição perpétua de "reboquismo"[8]. Sua aliança com setores "esclarecidos" da burguesia nacional, seu desejo de encontrar algo como "setores democráticos da direita" com os quais seria possível governar apenas lhe faz completamente inapta a intervir em processos populares em curso, a lutar por hegemonia em movimento, a usar a imaginação política como força ofensiva em momentos nos quais ela é decisiva. Ou seja, a esquerda brasileira simplesmente não tem, em seu horizonte de ação, uma atuação no interior de processos insurrecionais. Ela não foi formada para isso. Sua formação histórica lhe fez, ao contrário, agente de processos de negociação institucional.

---

[8] Carlos Marighella, *Chamamento ao povo brasileiro* (São Paulo, Ubu, 2020).

Uma contrarrevolução permanente

O que acontecerá depois é muito significativo. O ano de 2013 mostrou como o Brasil é, de fato, nos dizeres proféticos de Florestan Fernandes, o país da contrarrevolução permanente. A extrema direita brasileira entrou em fase insurrecional. Nesse contexto, "fase insurrecional" significa que a extrema direita mundial tenderá, cada vez mais, a operar como força ofensiva anti-institucional de longa duração. Essa força pode se expressar em grandes mobilizações populares, em ações diretas, em formas de recusa explícita das autoridades constituídas. Ou seja, toda uma gramática de luta que até pouco tempo atrás caracterizava a esquerda revolucionária agora está migrando para a extrema direita, como se estivéssemos em um mundo invertido.

No entanto, de certa forma, a contrarrevolução é também um serviço conjunto oferecido pela esquerda nacional. Ela o faz a partir do momento em que não pauta suas ações por uma imaginação política em movimento. Ao contrário, ela conseguiu impor a si mesma algo pior do que a restrição de horizontes de expectativas. *Ela impôs a si mesma uma brutal restrição do horizonte de enunciação.* Mesmo a possibilidade de ser uma força de vocalização de demandas de transformação estrutural sai de cena. Por exemplo, quantas vezes ouvimos nesses últimos anos palavras como "autogestão da classe trabalhadora", "ocupação de fábricas", "nenhum emprego precarizado", "liberar os sujeitos da cadeia do trabalho", entre tantas outras? Pois 2013 colocou para a esquerda brasileira o verdadeiro desafio: não é possível mudar o país sendo a fiadora de coalizões impossíveis que paralisam nossa capacidade de transformação e que, ao final, explodem sempre em nosso colo.

Não ter correlação de forças suficiente é um argumento clássico para justificar tal restrição do horizonte de enunciação. No entanto, isso é apenas uma falácia que se faz passar por cálculo racional. Correlações de força mudam inclusive através de derrotas. A política não desconhece a derrota como força prévia de mobilização, como estratégia de consolidação de lutas. As feministas argentinas sabiam que seriam derrotadas quando apresentaram no Parlamento a lei pelo aborto. Mesmo assim o fizeram. Por quê? Por inépcia ou por astúcia? E seria o caso de lembrar que, apresentada a lei, a sociedade foi obrigada a discuti-la, a ouvir todos os setores. Derrotadas uma primeira vez, elas puderam identificar os pontos de maior resistência, mudar certos dispositivos e reapresentar o projeto anos depois. Bem, anos depois, elas venceram. O que aconteceu com a famosa correlação de forças? Esse tipo de raciocínio inexiste no Brasil.

Para compensar a paralisia social, fez-se necessário criar movimentos localizados. Nesse sentido, não é estranho perceber que, depois de 2013, as pautas de esquerda com maiores mobilizações de seus setores foram, no fundo, "pautas de integração". Como se fosse o caso de aceitar que rupturas na ordem capitalista estão fora de discussão, que a luta pela realização concreta de macroestruturas de proteção não será mais nosso horizonte e que agora a luta é por criar um capitalismo mais humano, mais diverso, com representantes de setores vulneráveis em comitês de diversidade de grandes empresas e em capas da *Forbes*. Não, isso não é uma vitória. É apenas uma das figuras de uma restrição brutal de nosso horizonte de enunciação. Todo processo revolucionário é, ao mesmo tempo, uma revolução molecular, ou seja, uma transformação estrutural nos campos do desejo, da linguagem, das afetividades. Mas esse processo molecular pode também correr no vazio quando uma revolução nas estruturas de reprodução material da vida, no fundo, não está na ordem do dia.

Nesse sentido, o discurso contra "pautas identitárias", que se consolidou em 2013, é apenas uma maneira de não entender o verdadeiro problema. Ele não está lá onde alguns acreditam que esteja. Essas pautas nem sequer são "identitárias". Elas são as verdadeiras pautas "universalistas"[9], pois nos lembram que a naturalização de marcadores de violência contra raça, gênero, religião, orientação sexual e colonialidade impede qualquer advento de um universalismo real. Mas a própria esquerda aprendeu nesses últimos tempos a usar tais pautas para esconder de si mesma que não tem mais nada a oferecer de transformação efetiva. Ela empurra, assim, tais

---

[9] Ver Vladimir Safatle, *Só mais um esforço* (Belo Horizonte, Autêntica, 2022).

pautas para serem veículos de dinâmicas de integração a uma sociedade completamente desintegrada, de reconhecimento em uma sociedade que não é capaz de assegurar nada mais que o aprofundamento de dinâmicas de espoliação e sofrimento social. A tendência dos movimentos sociais que sustentam tais pautas é, em larga medida, serem sócios do poder de Estado, fiadores de um governo para o qual não podem oferecer um sistema necessário de pressões externas. Hoje, dez anos depois de 2013, esse é o lugar da esquerda nacional. Por isso, é possível dizer que 2013 foi um acontecimento em suspenso, uma oportunidade perdida. Que esse seja um momento de reflexão antes de uma nova ascensão da extrema direita entre nós e da perda de mais uma oportunidade.

Junho de 2013: golpe e revolução
Maria Carlotto

Este não é o primeiro texto que escrevo sobre Junho de 2013, mas é, sem dúvida, o mais político. É que, paradoxalmente, quanto mais o tempo passa e mais distantes parecem aqueles acontecimentos, mais urgente soa a tarefa de disputá-los. É como se a perspectiva de longa duração evidenciasse a importância da ação política para o significado daqueles eventos, em vez de dissolvê-la na argamassa das grandes determinações estruturais. Nesse sentido, é preciso explicitar que minha relação com os eventos de Junho de 2013 seguiu um itinerário incomum: do olhar relativamente externo de analista social[1], passei a uma perspectiva profundamente interessada[2] de quem sabe que aqueles acontecimentos foram – e permanecem – centrais na vida política brasileira.

Esse percurso pouco usual – o comum é a perspectiva temporal proporcionar certo afastamento e favorecer o olhar desinteressado – se explica menos por minha trajetória individual do que pelo destino do país desde então.

---

[1] Refiro-me, sobretudo, aos trabalhos que publiquei ainda em 2013. São eles: Maria Carlotto, "Nem golpe, nem revolução: um protesto clássico por direitos sociais", *Viomundo*: *Diário da Resistência*; disponível em: <http://www.viomundo.com.br/politica/maria-carlotto.html>; acesso em: 19 abr. 2023; "Decifra-me ou devoro-te: o enigma de junho", *Revista Fevereiro*, n. 6, 2013; disponível em: <http://www.revistafevereiro.com/pag.php?r=06&t=14>; acesso em: 19 abr. 2023; "Entrevista com Lucas Oliveira do Movimento Passe Livre", *Revista Fevereiro*, n. 6, 2013; disponível em: <http://www.revistafevereiro.com/pag.php?r=06&t=10>; acesso em: 19 abr. 2023.

[2] Ver em especial idem, "Junho de 2013 em janeiro de 2023", *Revista Esquerda Petista*, n. 14, fev. 2023, p. 74-9.

Mais ou menos como se passou quando o golpe de 1964 destruiu "a utopia redondamente errada" de que "ao sociólogo caberia assumir suas responsabilidades intelectuais em um nível puramente profissional"[3], o golpe de 2016 e os acontecimentos subsequentes lançaram muitos de nós, cientistas sociais brasileiros(as), na roda-viva do engajamento político.

Isso posto, abro este texto com a ousadia de tomar emprestada a advertência de Florestan Fernandes nas linhas finais de sua nota explicativa para *A revolução burguesa no Brasil*: "Trata-se de um ensaio livre, que não poderia escrever se não fosse sociólogo[a]. Mas que põe em primeiro plano as frustrações e as esperanças de um[a] socialista militante"[4].

***

A onda de mobilizações que tomou as ruas do país em junho de 2013, como todo evento complexo, comporta diferentes chaves de interpretação. Não é exagerado afirmar, porém, que a miríade de posições sobre Junho gravita – tanto ontem como hoje – em torno da dicotomia "golpe ou revolução". Ainda que metafórico, esse binômio ajuda a organizar o debate e, com isso, elucidar caminhos para uma compreensão sociologicamente mais sofisticada e politicamente mais potente do que significou Junho de 2013 e, em especial, do que pode vir a ser seu significado histórico.

Para os que leem esses eventos com a chave do "golpe", Junho de 2013 aparece como uma espécie de "prenúncio" do que aconteceria no país no período subsequente, em especial em decorrência do crescimento e da radicalização da direita brasileira. Nessa linha, a força eleitoral do Partido da Social Democracia Brasileira (PSDB) em 2014, os protestos contra Dilma Rousseff em 2015, o golpe parlamentar em 2016, a prisão de Lula seguida da vitória de Bolsonaro em 2018 e os ensaios de ruptura democrática que se tornariam rotina a partir de então seriam todos marcos de um mesmo ciclo histórico,

---

[3] Florestan Fernandes, *Mudanças sociais no Brasil* (São Paulo, Editora Globo, 2013), p. 22.
[4] Idem, *A revolução burguesa no Brasil: ensaio de interpretação sociológica* (São Paulo, Globo, 2006), p. 26.

inaugurado em (e por) Junho de 2013. Essa chave de leitura, fundamentalmente negativa, não raro vem associada a outra que a reforça: pautada em versões simplistas de noções como imperialismo ou guerra híbrida, trata-se da perspectiva que tende a colocar quase toda a agência dos protestos de 2013 no plano internacional, considerando que eles expressaram, em essência, a força de interesses externos no país. Em suma, a ideia geral é de que "era golpe e com apoio internacional".

Muito difundida, especialmente em certos setores da esquerda brasileira, essa chave de leitura comporta vários matizes. Em todos eles, porém, existe um mesmo risco inerente: atribuir ao evento em si mesmo um sentido geral – golpista, no caso – que foi resultado de disputas posteriores. Assim, em vez de assumir que as manifestações de junho de 2013 foram acontecimentos contraditórios, cujas implicações não estavam dadas neles mesmos, é adotada uma leitura parcial e fatalista que, negando o lugar do conflito político, entende o devir de Junho como desdobramentos inevitáveis de tendências inerentes: do ovo da serpente não pode nascer outra coisa que não seja serpente.

No outro extremo, aqueles que mobilizam a chave da "revolução" definem esses mesmos eventos pelo avesso, ou seja, como manifestações não só legítimas, mas essencialmente disruptivas e renovadoras. Para eles, as Jornadas de Junho – uma semântica essencialmente revolucionária – foram expressão genuína de novos movimentos, novas pautas, novos repertórios e novas formas de militância e contestação política. Essa visão oscila entre os que, à esquerda, consideram que "era só por vinte centavos", reafirmando, com isso, a centralidade da luta por transporte público, sobretudo por parte de uma juventude rebelde e politicamente autônoma; e os que, à direita, entendem, ao contrário, que era sobre "tanta coisa que não cabe no cartaz", reivindicando Junho de 2013 como o momento de inauguração de um ciclo amplo e multifacetado de protestos contra o governo de então, descrito como corrupto, ineficiente, clientelista, dentre outras desqualificações do gênero.

Presente tanto na academia quanto no debate político, essa segunda perspectiva incorre no problema oposto da primeira: ao evitar o determinismo fatalista dos que negam o papel da política no desfecho dos acontecimentos, essa outra posição flerta com o risco da mitificação ingênua ao entender Junho como um evento em sua essência espontâneo e progressista, como se nele não tivessem operado de modo ativo agentes e estruturas, internos e externos, inclusive de natureza conservadora, quando não abertamente retrógrada.

Essa tentativa de esquadrinhar as principais leituras sobre Junho pode ter algo de simplista, mas é importante frisar que o objetivo dela não é recorrer à caricatura para reduzir a importância de muitas dessas contribuições. Ao contrário, reconhecendo que entre esses polos existem muitos tons de cinza, a intenção principal é apontar, pelo contraste em branco e preto, a necessidade de mobilizar uma nova chave de leitura.

Nova porque seu foco é menos definir o que foi Junho de 2013 e mais disputar o que ele ainda pode ser. Parece loucura, mas eis a explicação: eventos da magnitude do que ocorreu em 2013 são essencialmente contraditórios. Isso significa não só que é difícil definir sua natureza – o que eles foram – como também que a melhor maneira de o fazer é reconhecer sua permanência histórica, analisando 2013 com a chave do movimento – o que ele é ou o que ainda pode ser – e da contradição – nem golpe, nem revolução, mas golpe e revolução.

Dito de outro modo: Junho de 2013 não acabou em junho de 2013. Na verdade, Junho de 2013 ainda não acabou. Por isso mesmo, seu significado histórico permanece aberto e importa trazer para o primeiro plano a necessidade de disputá-lo. Assim, antes de condenar ou mitificar Junho de 2013, o urgente é definir o que estava em jogo naqueles acontecimentos.

Nessa linha, minha proposição essencial é que Junho de 2013 foi um evento perturbador porque representou a confluência de duas agendas opostas que passariam, desde então, a medir forças – nas ruas, nas redes e nas urnas – para definir qual é o desfecho para as contradições do capitalismo brasileiro no contexto marcado pela intensificação da crise mundial, de natureza econômica, política, ambiental e cultural.

Em uma calçada, estavam os que demandavam, no fundo, mais Estado para aprofundar uma agenda de direitos, visando garantir não só saúde e educação de qualidade, mas avançar na regulação de outras esferas da vida, por meio da desmercantilização de serviços fundamentais como o transporte público. Nesse bojo, se mostrava essencial radicalizar a democracia, não só por meio do enfrentamento da crise de representatividade do sistema político brasileiro, mas também da redução das desigualdades de classe, raça e gênero, que saltavam para o primeiro plano. Era ousado e, por isso mesmo, teve adesão rápida e massiva, em especial de jovens oriundos das classes trabalhadoras urbanas e de uma miríade de coletivos, sobretudo ligados aos movimentos negro e feminista, que se fortaleciam na esteira de políticas de redução das desigualdades dos governos petistas, impactando profundamente a dinâmica política da esquerda brasileira.

Do outro lado da rua, havia demandas que apontavam para um sentido diametralmente oposto, de redução drástica da presença do Estado, apresentado como inerentemente corrupto e ineficiente. Esse neoliberalismo ultrarradical flertava de maneira mais ou menos explícita com uma agenda conservadora, que reivindica a primazia da iniciativa privada, seja ela representada pelo mercado, por igrejas, por unidades familiares ou mesmo por organizações, fundações e movimentos. Para esses agentes, as desigualdades não são um problema essencial; ao contrário, problemáticas são as visões políticas que as inventam para dividir o país, destruir as famílias, deslegitimar os mercados e limitar a liberdade individual. No mesmo sentido, a demanda não pode ser por mais democracia, se esta desafiar a primazia da iniciativa privada. Essa visão, ultraliberal e neoconservadora, é igualmente radical e cresceu com força desde então, assumindo tintas cada vez mais violentas, não sem produzir divisões relevantes.

Em suma, Junho de 2013 não inventou a polarização brasileira recente, mas a expressou de maneira paradigmática. E erram todas as análises que atropelam essa contradição em movimento para postular o verdadeiro sentido de Junho, como se ele fosse dado, estático, inerente, assim como erram aqueles que atribuem essa polarização a dinâmicas puramente político-ideológicas. Se

Junho expressou de maneira categórica a tensão essencial da política brasileira dos anos recentes, é porque processos estruturais, de natureza econômica e social, foram decisivos para isso. Destaco a seguir quatro desses processos que ainda incidem de modo crucial na dinâmica política brasileira.

O primeiro deles é a mudança estrutural do espaço intelectual brasileiro, consequência da expansão acelerada da escolarização, especialmente no ensino superior, a partir de 2003. Foram decisivos para isso a implementação de programas de inclusão, tanto no ensino privado, como os controversos Programa Universidade para Todos (Prouni) e Fundo de Financiamento Estudantil (Fies), quanto no ensino superior público, com o Novo Enem, o Programa Nacional de Assistência Estudantil (Pnaes), a criação e a interiorização de universidades federais e, principalmente, as cotas sociais e raciais. Essas políticas permitiram o ingresso de novas camadas sociais na educação superior, contribuindo de modo determinante para a democratização do espaço intelectual brasileiro e da vida política do país[5]. Por isso mesmo, esse processo gerou reações, por vezes violentas, das elites locais, especialmente daqueles grupos – como os homens brancos, escolarizados, de renda média e alta – que viram na rápida democratização da educação superior uma ameaça inédita a seus privilégios históricos.

O segundo desses processos é a crise do modelo de desenvolvimento brasileiro que, com variações, predominou no país a partir do final dos anos 1970. Essencialmente baseado em um arcabouço neoliberal, esse modelo produziu uma acelerada desindustrialização e reprimarização da economia brasileira, que sofre com uma estagnação que já podemos classificar como de longo

---

[5] Eu desenvolvi a relação entre Junho de 2013 e os processos de escolarização promovidos pelo governo do Partido dos Trabalhadores (PT) em outros textos, em especial, no ensaio intitulado "Junho de 2013 em janeiro de 2023", publicado este ano na *Revista Esquerda Petista* e já citado neste artigo. Mas, em suma, tendo a acompanhar a análise de Marcelo Ridenti, que, sobre Junho de 2013, sistematizou: "se trata de uma juventude sobretudo das camadas médias, beneficiadas por mudanças nos níveis de escolaridade". Ver o texto "Que juventude é essa?", no qual Ridenti aborda justamente a dimensão da experiência universitária e seu impacto sobre os protestos de junho; disponível em: <http://www1.folha.uol.com.br/opiniao/2013/06>; acesso em: 19 abr. 2023.

prazo. Esse processo, associado às mutações contemporâneas do capitalismo, gerou profundos efeitos nas grandes e médias cidades, onde o impacto do desemprego e, em especial, da precarização do trabalho é mais agudo. É isso que explica a centralidade das pautas fundamentalmente urbanas – como transporte e moradia – para a emergência de novas organizações da esquerda brasileira, sobretudo a partir de Junho de 2013[6].

O terceiro processo estrutural que contribui de maneira decisiva para uma dinâmica centrífuga da política brasileira é a crise econômica internacional que, sobretudo desde 2008, afeta de maneira relevante diversas economias, intensificando a dinâmica da luta de classes no Brasil e no mundo. O crescimento de movimentos ultraliberais e autoritários, de um lado, e de ensaios de radicalização da esquerda global, de outro, tem nesse contexto de crise prolongada seu terreno fértil.

Por fim, o aumento das tensões internacionais, especialmente a partir do declínio relativo dos Estados Unidos e da reivindicação de mudanças na estrutura de poder global da parte de potências emergentes como a China, tem profundas implicações no plano político local. São muitos os caminhos pelos quais a crise internacional contribui para o aumento das tensões nacionais e não teria como explorá-los aqui. Mas é importante ressaltar que a dinâmica de polarização, que se expressou em Junho, não é exclusivamente brasileira, justamente porque parte de suas raízes também são internacionais.

***

Enfatizar a contradição inerente a Junho de 2013 e reconhecer a importância de disputar seu significado é central não só para a análise do impacto desse momento histórico na vida política brasileira, mas também para a descoberta de caminhos a fim de explorar suas potencialidades. Restam poucas dúvidas de que 2013 foi um marco na história política brasileira,

---

[6] Também desenvolvi essa questão em outros textos, como no ensaio intitulado "Junho de 2013 em janeiro de 2023", mas também em "Decifra-me ou devoro-te: o enigma de junho" e, principalmente, na entrevista com o MPL publicada na *Revista Fevereiro* (todos já mencionados aqui).

que ainda hoje ressoa na vida política nacional. Meu argumento central neste texto é que Junho não acabou, porque expressa uma conjuntura político-econômica que permanece. Essa conjuntura é marcada por tendências estruturais, de natureza econômica e política, que favorecem a polarização. Daí porque Junho é essencialmente contraditório, como brinquei no título deste ensaio. E, se a contradição é sempre contradição em movimento, se as disputas políticas que se seguiram a Junho se desdobraram, em um primeiro momento, em golpe, quem sabe não possam se desdobrar, em um segundo momento, em revolução?

Cronologia – Junho de 2013

6 de junho – quinta-feira

Primeiro ato convocado pelo Movimento Passe Livre (MPL), em São Paulo, com a presença de 2 mil a 4 mil pessoas, pela revogação do aumento de 20 centavos nas tarifas de transporte público.

Protestos também ocorrem no Rio de Janeiro, em Goiânia e Natal.

7 de junho – sexta-feira

Segundo ato do MPL em São Paulo, com 15 manifestantes detidos.

Imprensa condena vandalismo e atitude de partidos.

Governador e metrô se pronunciam; MPL também.

Movimento tenta diálogo com prefeitura.

8 e 9 de junho – sábado e domingo

Imprensa volta à carga contra vandalismo.

Partidos políticos são responsabilizados.

Haddad é chamado a falar sobre tarifa.

10 de junho – segunda-feira

Geraldo Alckmin (governador de São Paulo) e Fernando Haddad (prefeito paulistano) viajam a Paris para apresentar a candidatura de São Paulo à Expo 2020.

Vereadores do PT explicam relação com Passe Livre.

MPL afirmar querer diálogo.

Juventude do PT ingressa na luta contra o aumento.

Goiânia revoga aumento da passagem.

11 de junho – terça-feira

Terceiro ato do MPL em São Paulo, com 12 mil pessoas presentes e 20 manifestantes presos.

MPL pede para se reunir com prefeito e governador.

Pesquisa divulga aumento na rejeição a Haddad.

Prefeito e governador seguem em Paris.

Na Câmara, bancadas falam sobre protestos.

Sede do PT-SP é depredada.

12 de junho – quarta-feira

Relatos de violência policial nas redes sociais.

Imprensa segue atacando vandalismo. Jornais cobram postura rigorosa do governo e da polícia.

Governador e prefeito se manifestam contra violência em protestos.

13 de junho – quinta-feira

Quarto ato do MPL em São Paulo mobiliza dezenas de milhares; mais de 200 detidos.

Jornais pedem repressão.

Organizações de direitos civis condenam abuso e prisão de jornalista.

MPL publica artigo na *Folha de S.Paulo*.

Polícia monta estratégia de guerra.

Jornais televisivos recuam; Datena apoia protesto.

Denúncias de abuso crescem nas redes sociais.

Ministro da Justiça oferece apoio federal à repressão.

14 de junho – sexta-feira

Discurso contra abuso policial torna-se hegemônico na imprensa e nas redes sociais.

Pesquisa Datafolha mostra apoio da população a protestos.

Organizações de direitos humanos condenam atuação da polícia.
PT se divide.
Prefeitura convoca conselho da cidade para se reunir com MPL.
Alckmin defende ação da polícia.

15 e 16 de junho - sábado e domingo
Presidente Dilma Rousseff é vaiada na abertura da Copa das Confederações, em Brasília.
Datafolha mostra insatisfação com transporte público.
Jornais criticam polícia.
Famosos aderem a protestos.
Segurança pública anuncia que negociará trajeto da manifestação.

17 de junho - segunda-feira
Quinto ato do MPL reúne cem mil pessoas em São Paulo.
Protestos explodem em diversas capitais brasileiras.
Pautas das manifestações se dispersam.
Alckmin suspende uso de armas menos letais.
Trajeto e acompanhamento policial são negociados com a segurança pública.
MPL se reúne com secretário de segurança e prefeito.
Ex-presidentes apoiam a mobilização.
Imprensa consolida apoio a manifestações pacíficas.
MPL dá entrevista ao programa Roda Viva.

18 de junho - terça-feira
Sexto ato do MPL em São Paulo.
Prefeitura é depredada e lojas são saqueadas.
Omissão da polícia militar gera suspeita.
Ataques de manifestantes a veículos e funcionários de meios de comunicação.
Imprensa reforça distinção entre vândalos e manifestantes pacíficos.
Haddad inicia negociação com o MPL, admitindo pela primeira vez reduzir a tarifa.

Sete prefeituras anunciam revogação do aumento.

Pautas difusas ganham os meios de comunicação.

O grupo hacker Anonymous Brasil divulga nas redes sociais o vídeo "As cinco causas", que rapidamente chega a 2 milhões de visualizações: "não à PEC 37"; "saída imediata de Renan Calheiros da presidência do Congresso Nacional"; "imediata investigação e punição de irregularidades nas obras da Copa, pela Polícia Federal e pelo Ministério Público Federal"; "por uma lei que faça da corrupção crime hediondo"; e "fim do foro privilegiado para políticos".

19 de junho – quarta-feira

Imprensa repercute caos da noite anterior e ausência da polícia.

Alckmin e Haddad revogam aumento.

20 de junho – quinta-feira

Mais de 1 milhão de pessoas comparecem aos novos protestos, em 388 cidades brasileiras.

21 de junho – sexta-feira

A presidente Dilma Rousseff, em cadeia nacional de rádio e televisão, anuncia pacto pela melhoria dos serviços públicos, baseado em três ações principais: a elaboração do Plano Nacional de Mobilidade Urbana, o uso de cem por cento dos royalties do petróleo para a educação e o projeto de importar milhares de médicos do exterior para ampliar o atendimento do SUS.

22 e 23 de junho – sábado e domingo

Protestos continuam pelo país. Em Belo Horizonte, mais de 60 mil pessoas saem às ruas; em Salvador, o confronto com a polícia começa antes do jogo entre Brasil e Itália pela Copa das Confederações.

24 de junho – segunda-feira

Dilma Rousseff reúne-se com 26 prefeitos e 27 governadores, propõe um plebiscito para uma Constituinte exclusiva para a reforma política e também uma lei que torna a corrupção crime hediondo.

A presidente convida o MPL para uma reunião.

MPL publica carta aberta a Dilma, em que critica a máfia dos transportes e o tratamento dispensado aos movimentos sociais; também pede a desmilitarização da polícia.

25 de junho – terça-feira

Câmara dos Deputados derruba a PEC 37, que tornava responsabilidade exclusiva das polícias a abertura e a condução de inquéritos criminais, limitando o poder do Ministério Público.

26 de junho – quarta-feira

Senado aprova lei que torna corrupção crime hediondo.

Dilma Rousseff recebe representantes de 8 centrais sindicais.

Manifestações ocorrem nas principais capitais: Belém, Belo Horizonte, Brasília, Recife, Rio de Janeiro e São Paulo, entre outras.

30 de junho – domingo

Final da Copa das Confederações, no Maracanã, Rio de Janeiro; protesto "Todos ao Rio! Copa para quem?" termina em confronto.

Sobre os autores

Breno Altman – Jornalista. Fundador do site *Opera Mundi*. Colaborador de diversos veículos de comunicação no Brasil e no exterior. Trabalha na imprensa sindical e alternativa desde os anos 1980. Dirigiu revistas como *Página Aberta* e *Atenção*, entre outras publicações.

Camila Rocha – Doutora em ciência política pela USP e pesquisadora do Cebrap. Ganhadora dos prêmios de melhor tese de doutorado da Associação Brasileira de Ciência Política e Tese Destaque USP, foi finalista do 64º Prêmio Jabuti com o livro *Menos Marx, mais Mises* (Todavia, 2021).

Jones Manoel – Historiador, professor de história e mestre em serviço social pela UFPE, educador e comunicador popular, escritor e militante comunista. Pela Boitempo, organizou *Colonialismo e luta anticolonial*, de Domenico Losurdo (2020).

Lucas Monteiro – Professor de história no ensino fundamental. É militante político há mais de vinte anos, tendo participado de lutas por transporte no Movimento Passe Livre de 2005 a 2015. Mestre em história social pela FFLCH-USP, publicou o livro *As dinâmicas da luta pela Anistia na transição política* (Tordesilhas, 2016), no qual discorre sobre processo de criação da Lei da Anistia de 1979.

Maikon Nery – Formado em design gráfico pela UEL e especialista em Pedagogia. Seu trabalho já foi selecionado nas bienais de design gráfico da ADG, Italian Poster Biennial, Bicebé (Bienal del Cartel Bolivia), Trnava

Poster Triennial (Eslováquia) entre outras. No ano de 2022, recebeu bronze na categoria livro completo no Latin American Awards (LAD).

Maria Carlotto – Cientista social formada pela USP, com mestrado e doutorado em sociologia pela mesma instituição. É professora da UFABC, onde coordena o grupo de pesquisa Neoliberalismo, Democracia e Mudança Estrutural do Espaço Intelectual Brasileiro. É militante política, tendo presidido a Associação de Docentes da UFABC, entidade da qual é, atualmente, vice-presidenta.

Mateus Mendes – Doutorando em economia política internacional pela UFRJ, é mestre em ciência política pela UniRio e geógrafo pela UFF. Autor de *Guerra híbrida e neogolpismo* (Expressão Popular, 2022). Professor na rede municipal de Duque de Caxias (RJ), foi diretor do Sindicato Estadual dos Profissionais da Educação do Estado do Rio de Janeiro (Sepe), com sede na mesma cidade.

Paula Nunes – Deputada estadual pela Bancada Feminista do PSOL. Advogada especialista em direito penal econômico pela Universidade de Coimbra e pela FGV/SP. É ativista da Marcha das Mulheres Negras de São Paulo e do movimento de juventude Afronte!, tendo sido covereadora com a Bancada Feminista do PSOL na Câmara Municipal de São Paulo de 2021 a 2023.

Raquel Rolnik – Professora titular da Faculdade de Arquitetura e Urbanismo da USP. Foi diretora de planejamento da Secretaria Municipal de Planejamento de São Paulo entre 1989 e 1992 e secretária nacional de programas urbanos do Ministério das Cidades, de 2003 a 2007. De 2008 a 2014, foi relatora especial da ONU para o Direito à Moradia Adequada. É autora, entre outros livros, de *Guerra dos lugares* (Boitempo, 2016).

Roberto Andrés – Urbanista, ensaísta e ativista dedicado a cidades, política e meio ambiente. Professor da Escola de Arquitetura da UFMG, com doutorado pela USP, é também colaborador da revista *piauí* e foi um dos editores-fundadores da revista *Piseagrama*. Atualmente, coordena a Rede Nossas Cidades.

Sobre os autores

Vladimir Safatle – Professor titular dos departamentos de filosofia e de psicologia da USP, professor convidado das universidades de Paris I, Paris VII, Paris VIII, Paris X, Toulouse, Louvain e Essex. Professor visitante da Universidade da Califórnia em Berkeley. Autor de, entre outros: *Só mais um esforço* (Autêntica, 2022) e *Em um com o impulso* (Autêntica, 2022).

Manifestante usando máscara da HQ *V de vingança*, de Alan Moore e David Lloyd, depois adaptada para o cinema com o mesmo título, usada pelo coletivo hacker Anonymous no contexto de Junho de 2013

Este livro, publicado em junho de 2023, dez anos após a explosão das rebeliões de Junho de 2013 em todo o país, foi composto em Adobe Garamond Pro, corpo 11/14,85, impresso em papel Pólen Natural 80 g/m² pela gráfica Rettec para a Boitempo, com tiragem de 3.000 exemplares.